自我激励

学业成功的加油站

刘儒德◎主 编

北京师范大学出版集团
BEIJING NORMAL UNIVERSITY PUBLISHING GROUP
北京师范大学出版社

图书在版编目(CIP)数据

自我激励 / 刘儒德主编. —北京：北京师范大学出版社，
2010.5（2014.3重印）
（学习的智慧丛书）
ISBN 978-7-303-10736-0

Ⅰ．①自…　Ⅱ．①刘…　Ⅲ．①中小学－学习方法
Ⅳ.① G632.46

中国版本图书馆 CIP 数据核字(2010)第 001041 号

营 销 中 心 电 话	010-58802181 58805532
北师大出版社高等教育分社网	http://gaojiao.bnup.com
电 子 信 箱	gaojiao@bnupg.com

出版发行：北京师范大学出版社 www.bnup.com
　　　　　北京新街口外大街 19 号
　　　　　邮政编码：100875
印　　刷：北京京师印务有限公司
装　　订：三河万利装订厂
经　　销：全国新华书店
开　　本：170 mm × 230 mm
印　　张：8.25
字　　数：110 千字
版　　次：2010 年 5 月第 1 版
印　　次：2014 年 3 月第 2 次印刷
定　　价：26.00 元

策划编辑：周雪梅	责任编辑：周雪梅
美术编辑：高　霞	插图设计：谢　萌
责任校对：李　菡	责任印制：陈　涛

主编 刘儒德

编委

刘儒德　张立松　曾美艳

田　霖　黄凯平　朱凌云

修炼学习的智慧，改造我们的学习

从小学到中学，我们身处一个日复一日的学习程序之中：听课、记诵、笔记、作业、复习和考试，整天、整月甚至整年都忙得不亦乐乎，真所谓年年岁岁花相似。我们曾否跳出这一程序而想一想：怎样记忆才能记得更牢一些，自己是善于听觉记忆还是视觉记忆？怎样复习才能考得更好一些呢？恐怕是多乎哉，不多也！

我们大多数人很少去想每天都在进行着的学习，正如我们每天都在走路，但很少想过自己是怎样迈步行走的一样。即使偶尔想想，也是一些想当然、来自学校经验的常识而已，如"学习就是听课、做作业、复习和考试""学习就是记忆知识"等，并由此派生出许许多多的假设，如"老师讲得好，成绩就好""重复是学习的关键"等。这些常识往往是经不起科学检验的，让我们南辕北辙，背道而驰。

"磨砖成镜"的禅宗故事或许能给我们一些启示。

马祖在修行的时候，整天盘腿静坐，冥思苦想，希望有一天能修成正果。有一次，怀让禅师路过禅房，看见马祖坐在那里神情专注，问道："你这是在做什么？"

马祖马上起身答道："我在修行，我想成佛。"

怀让禅师听他这样说，就顺手从地上捡起一块砖，然后在一块平滑的石头上磨了起来，神情是那么的专注和坚毅，和马祖的神情是一样的，有一种不达目的誓不罢休的感觉。

马祖非常疑惑地问道："禅师，你在做什么呀？"

怀让禅师答道："我在磨砖呀，难道你看不见我在做什么吗？"

马祖又问："磨砖有什么用呢？"

怀让禅师说："想把它磨成镜子。"

马祖说："砖本身是没有光的，就算你磨得再平，它也不会成为镜子的，你就不要在这上面浪费时间了。"

怀让禅师就说："砖不能磨成镜子，静坐又怎么能够成佛呢？"

马祖终于醒悟了，坐禅只是成佛的一种手段，若想真正成佛，只坐禅是没有用的，而是要从心里去感悟！

马祖出于想当然，根据常识每天坚持做着自己的功课，却没有从内心感悟自己的学习，他背离了正确的方向、采用了错误的方法而不自知，岂不是在白白浪费自己的青春？若不是老师的启迪，他永远也不会成为一代宗师了。同马祖相比，我们的学习情形又如何呢？如果我们每天也只是做着程序化的表面功课而不从内心感悟、反思它，我们能否修成学习的正果呢？又能否顺利地到达学途的彼岸——大学呢？试想一想，我们中又有多少人写了多年的字，仍然写的是同一笔烂字；唱了多年的歌，依旧唱的是同一首老歌："山还是那座山，水还是那条水！"

你现在或许明白了，为了提高我们每时每刻都在进行着的学习，我们必须好好地对学习进行审视、感悟、反思和研究！这不仅需要主观的意愿，还需要马祖那样的智慧和悟性，更重要的是需要怀让禅师那样的智慧启迪！

学习是需要智慧的，智慧的一个重要方面是善于学习。一个具有学习智慧的人，能够对自己作为一名学习者的优势、学习任务的特点、学习过程的规律和策略有着准确的认识；能够基于这些认识采用适宜的学习策略解决学习方面的实际问题；而且能够根据学习情境的变化和差异不断调节和改进自己的学习，并创造出独具个人特色的学习策略和方法，来达到学习目标，提高自己的学习效果和效率。那些少数成绩优秀的同学就具有这样的智慧，他们总是在不断思考并改进自己的学习，他们的学习行为暗含了一些重要的学习规律和策略。他们无师自通，但更多的同学则需要有明确的指导和系统的练习，才能不断提升自己的学习智慧。《学习的智慧》丛书正是为此目的而精心设计、开发出来的一套指导和练习课程。

　　整个中学时代，我们的一天又一天都是在学习中度过的。学习俨然是我们生命活动的主要形式，构成了我们生活的主体成分。在学习过程中，我们不是这么做，就得那么做，消极被动也好，积极主动也罢，反正都得做！既然如此，我们为什么不多花一点儿时间，好好地研究一下自己的学习，以学习智慧武装自己，自觉而明确地按规律去做，让自己做得更好呢？

　　毛主席早就教导我们说："改造我们的学习！"请从现在开始，修炼学习的智慧，改造自己的学习吧！

刘儒德
北京师范大学心理学院

《学习的智慧》丛书简介

开发背景

学习是中学生面临的首要问题，也是家长和老师们特别关注的焦点之一，学生的心智、情感与人格的发展以及人生前途莫不与此休戚相关。许多中学生来到学校心理咨询室后问得最多的竟然是学习方法问题；有些学生的情感问题经过一番开导后一时得到缓解，但一回到课堂就故态复萌，只是因为学习成绩上不去，其社会生态环境没有得到改变！不知有多少家长因为孩子不爱学习、学习成绩差而伤透了脑筋；又不知有多少老师因为学生们不懂学习方法、学习效率不高而头痛不已！学习问题俨然成了学校和家庭中存在的一个主要矛盾！

在与学生、家长、老师和学校的接触中，我们深切地感受到了人们对于指导学生如何学习的迫切需求。然而，在众多中学生心理健康教育教材中，学习方法只是一个小小的部分，难解饥渴；市面上写给中学生看的学习方法书籍要么属于泛泛的经验之谈，缺乏心理学支撑，要么只是停留在抽象的概念层面，远离学生的实际！因此，社会急需一套给中学生量身打造的理论联系实际、系统性强而又可操作的学习策略和技术教程。面对这种强烈的社会需求，我们课题组运用十多年来对学习心理、学习策略与教学策略的研究成果、理性思考以及相关的研究工具和训练材料，开发出了这套《学习的智慧》丛书，也算是为中学生们的实际学习贡献一点绵薄之力，尽一个教育研究者的社会责任和义务！

基本内容

《学习的智慧》丛书是围绕学生的学习智慧而设计开发的。学习智慧是指学生解决实际学习问题的能力以及创造有价值的学习策略和技术的能力。学习智慧高的学生能够准确认识自己的学习优势、学习任务的特点、学习过程的规律和策略，采用适宜学习策略解决学习方面的实际问题；而且能够根据学习情境的变化和差异不断调节和改进自己的学习，并创造出独具个人特色的学习策略和方法，来达到学习目标，提高自己的学习效果和效率。

《学习的智慧》丛书分5册，每册包括3～6个单元，每个单元包括2～7课，共20个单元、80课。

第1册《自我激励》：教会学生激发内在动机、转变学习观念、形成良好的学习习惯，维持持续学习的动力。

第2册《自我管理》：教会学生准确认识自己的学习优势，管理自己的学习过程、学习时间与学习资源，不断总结、反思并改进自己的学习。

第3册《巧妙记忆》：教会学生高效运用识记和加工知识、复习和保持知识以及回忆和提取知识的策略。

第4册《高效学习》：教会学生灵活运用阅读、听课和解题等方面的基本学习策略，积极主动地、高质量地、高效率地完成学校和课内常规学习任务。

第5册《教你成功应对考试》：教会学生做好考试准备，调节考试心态，缓解考试焦虑，管理考试过程，巧妙运用各种答题技巧。

主要特色

《学习的智慧》丛书具有系统性、科学性、可读性和可操作性四大特点。

第一，系统性。本丛书几乎囊括了学习策略、方法和技术的方方面面，并将它们精细分解为80课，在每一课中，又全面阐明了每种策略、方法或技术的心理学基础、实践价值与应用方法及条件。在一般性的学习方法书籍中，鲜有展开得如此详细者。本丛书无论从全书的框架结构还是到每一课的内容安排都如此系统，几乎成为一部有关学习策略的百科全书，学生可以从中找到自己所需要的、所关心的大多数学习方法。

第二，科学性。本书是一本写给中学生用的教程，但绝非泛泛的经验之谈，而是有着深厚的心理学基础，引用了大量的教育心理学、学习心理学的专业知识、实验研究和学术思想。尽管没有全部列上心理学家的名字和学术概念的名称，但处处都是有根有据的。这就好比杜甫写诗，处处用典故，深谙古籍的明眼人一看就知道什么地方用了什么典故，一般的读者大众虽然不知典故，但也照样能理解和欣赏。从这种意义上说，本丛书俨然是一部大众化的、普及版的教育心理学应用读物。掌握其中有关学习的科学知识是一个具有学习智慧的人应有的素养。

第三，可读性。本丛书试图根据中学生的知识经验基础和心理特点，以感性的笔触、真实的案例、生动的故事、科学的实验、形象的图表、具体的操作步骤以及互动对话式的口吻，将每一课写成《读者文摘》中那样的闲适轻灵的散文，给人以思想的冲击、情感的共鸣、智慧的启迪以及行动的引领，使每一课犹如一位亲切的老师，娓娓道来，深入浅出地为学生阐明道理、解除疑惑，并指导操作。

第四，可操作性。本丛书不仅在于说理，更在于指导学生的学习实践，是一部学习策略的操作指南。每课为学生提供了一些成功的范例、可用的工具以及操作表，学生可以直接模仿和使用。每课练习的编写旨在实现测查与反省、体验和练习、关联与应用三大功能，具体而言，促使学生测查和反省自己的学习状态；体验和练习相应的学习技能；关联自己目前的学习需要和困难，将学习技能应用、迁移到自己的今后的学习中去，从而最大限度地发挥本丛书的效能。

使用方法

一个深具学习智慧的人必须能够做到知、信、会、行四方面。首先，要解决知与不知、懂与不懂的问题，学生需要知道学习过程的规律和策略。其次，要解决信与不信的问题，学生不仅知道，还要相信，需要切实感受到了这些学习规律在自身学习活动中的存在，体验到了这些学习策略的效能和力量，从而在内心深处认同并信奉这些规律和策略。再次，要解决会与不会的问题，学生更需要具有准确认识学习情境条件、选择适当学习策略、有效执行学习策略的能力。最后，要解决做与不做的问题，学生需要在自己的学习之中有机地运用学习规律和策略，生成一个又一个学习产品，获得实实在在的学习效果。学习智慧的这四个方面是相互关联、彼此强化的，犹如一个四连环，循环往复，螺旋上升。

本丛书通过讲故事、说道理、做实验、举案例、搞活动、施测查、促反思、做练习，可以解决知、信、会三个问题。至于行的问题，仅靠看书和练习是不够的，还必须有赖于学生有意识地在自己的学习中反复实行。这就好比学武术，虽然学了不少拳，但真动手时，仍旧是乱打一通，若如此，学习再多的拳术又有何用！为了确保学习智慧的实际运行，我们建议使用者采用下列一条或几条措施。

自己建立一个核查表，张贴在明显的地方，经常记录并检查自己是否采用了教程所提到的一些学习策略和方法，每隔一周或一个月总结、反思自己的实践经验。

邀请父母、老师给予外在支持，将自己的想法明确地告诉他们，让他们作为自己的督促者、监控者和检查者，时刻提醒自己在学习中实践从本教程中学会的学习智慧。

邀请其他同学参与进来，与自己一道修炼学习智慧，相互激励，相互启发，彼此监督，共同提高。

参加学校专门组织的学习智慧课程班，接受系统的指导和训练，在集体氛围之中，在严格的要求、追踪和反馈之下，加强实践和反思，不断提高学习能力。

　　值得一提的是，本丛书包罗了各种重要的学习策略和技术，含有80课内容，虽然全面系统，但在编排上各册之间并无严格的先后顺序，除了《自我管理》册中的"自我调控"单元外，每一课都是相对独立的，使用者完全可以根据自己的需求和状况，灵活选择和应用。

　　但愿本丛书能助天下中学生早日成为智慧的自主学习者！

刘儒德

北京师范大学心理学院

目　录

引 子

　　学习是快乐的，但系统掌握一门完整的学科知识和技能不是一件容易的事，尤其是在竞争如此激烈的升学考试背景下获得不凡的成绩就更需要顽强的意志力了。我们的心不免有点累，需要不时地给自己充充电、鼓鼓劲儿，不断激励自己保持昂扬的斗志、充沛的精力和良好的心态，好让自己始终处在一定的兴奋、适度的紧张状态之中，体验着学习过程的流畅感、挑战感和征服感，收获着求知中的喜悦、解惑后的松快与成功的欢乐。

　　毋庸讳言，在前进的道路上，我们难免有失败、有困难。面对失败和困难，我们或许会表现出本能性的沮丧、退缩。但我们深知，我们没有退路可走，必须勇往直前。这时，我们需要转变观念，重新发掘自己的潜能，正确认识成败的原因，消除自己强加给自己的精神枷锁，拔除心灵上滋生的毒草，以新的姿态，再一次投入到持久的学习之中。

　　我们也完全不必太过紧张、苛严、始终对自己板着脸。我们现在的学习不仅是为了将来的生活，更为重要的是，它本身就是现在的生活。整个中学时代，我们的一天一天都是在学习中度过的。学习俨然是我们生命活动的主要形式，构成了我们生活的主体部分。生活是美好的、绚丽多彩的。生活中有汗水，也有鲜花；有紧张，也有放松。当我们经过一番紧张的汗水，取得了或大或小、或明或暗的一些进步，有时能够获得周围的鲜花和掌声，有时则未必，这时，我们需要给自己颁颁奖、鼓鼓掌，适当地放松和娱乐，来奖励自己的良苦用心与勤奋努力，驱动自己在漫长的学习旅途上继续迈开下一步，直到满意的终点。

第一单元　激发动机

　　小郭和小康是好朋友，两人在一起完成家庭作业，还剩一点儿就要完成了。

　　小康催促小郭说："快点，我们先走吧，晚会马上就要开始了。"

　　"等等，就一分钟。"小郭嘀咕着，"怎么回事，每一步都应该是正确的，为什么答案是错误的呢？我是不是漏掉了哪个关键条件？我想我马上就要算出来了。"

　　"你晚上回来再做吧！大家都走光了。再不去，就没座位了。"小康抱怨道。

　　"你先去吧，我过一会儿赶过去。我再好好想想，我就是想知道这究竟是怎么一回事。"

　　为什么小郭不愿去观看晚会而宁愿先将问题彻底搞懂？当他的认识和经验不一致时，他从内心激活出一种本能性的动机，想要彻底解决它、搞懂它。我们每个人都和他一样，具有深深的内在动机，我们对周围的世界感到好奇，渴望理解世界、预期将来。这也就是为什么小孩子总是那么热情地探索他们周围的环境；为什么小孩子不断地打开盒子再关上盒子以确认盒子中的东西；为什么孩子们要求他们的父母一遍又一遍地讲述同一个故事而全然不顾父母早已濒临被激怒的边缘；为什么猜谜游戏对于4岁大的孩子甚至很多成年人来说同样具有吸引力；为什么人们对那些在他们预料之外发生的事情好奇；为什么人们一直坚持不懈地进行某项活动，但一旦熟悉后就不再愿意从事。

在学校的学业学习中，我们同样也具有这样强烈的内在动机，我们要认识它们，知道如何激发它们。人的内在的学习动机来自许多方面，在这一单元里，我们将看看如何通过满足需要（第一课：学习究竟为哪般）、激发兴趣（第二课：没有兴趣怎么办）、保持内在动力（第三课：为谁辛苦为谁忙）以及明确学习的人生意义（第四课：读书真的无用了吗？）来激发并维持自己的内在学习动机。

第一课　学习究竟为哪般

据说，有一棵生命之树，树上结了7颗神奇的苹果。如果把它们摘下来吃了，你就能获得果实上的祝福，这7颗苹果的祝福分别是：

果实1：衣食无忧

果实2：安全稳定

果实3：友谊与爱

果实4：受人尊重

果实5：知识丰富

果实6：美的享受

果实7：潜能充分发挥

如果只能摘一颗，你会摘下哪颗呢？

❖ 学习的发动机

学习是为了满足我们的各种需要。如果我们把学习比作一部汽车，需要的就是发动机和方向盘。上面7颗苹果分别代表了我们的不同需要。你摘下的那颗苹果便代表了你现阶段最强烈的需要。

美国心理学家马斯洛认为，我们的行为是为了满足七种需要：生理的需要、安全的需要、爱与归属的需要、尊重的需要、求知与理解的需要、美的需要和自我实现的需要。这些需要由低级到高级排列，构成一个台阶，当我们的低一层次需要得到一定程度的满足后就产生高一层次的需要。当你感到非常饥饿时，看到桌上摆着一堆书和一堆食物，你一般先选食物再选书。

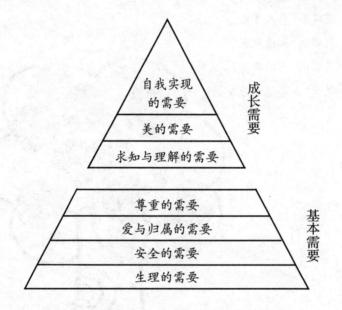

马斯洛进一步将这七种需要划分为基本需要（前四种需要）和成长需要（后三种需要）。基本需要是我们生存所必不可缺的，必须得到一定程度的满足。但是这些需要一旦被满足，我们在这方面的动机就将减少甚至消失。成长需要是推动我们取得事业成功、学习进步的潜在动力。它能够让我们生活得更有质量，但它永远得不到完全的满足。正所谓"学然后知不足"，我们的求知需要满足得越多，我们学习知识的动机就越强。越是有才华、有成就的人，越觉得本领不足，因为知识之圆的半径越长，其接触的未知面就越大，就越需要学习。

铺平学习道路

✦ 保障学习

我们要学习，首先必须生存，食物、衣服、睡眠、健康的身体以及人身安全是我们学习的保障线。在当今社会，我们并不存在温饱问题，只不过存在衣食的好坏差别而已。如果我们一味追求锦衣玉食、物质享受，而且相互攀比，我们不免陷入浮躁的欲海之中，哪里还有一颗宁静的心来关注学习呢？毛主席年少时，曾经与同学约法三章，见面不许谈吃。即使你的物质条件不佳，但这绝对不是学习不好的借口。古往今来，对于一个志向高远的人来说，贫穷并不能阻碍勤奋和刻苦，有时反而催人奋进。

范仲淹的少年时代是在穷苦中度过的，两岁丧父，和母亲随继父迁徙到邹平县的长山镇。年幼的范仲淹勤奋好学，少有大志，从小就立下"不能利泽生民，非丈夫平生之志"的誓言。范仲淹少年时在长白山醴泉寺旁边的一个山洞内读书，由于买不起书，就经常借阅寺庙内的书卷，还跑到山下的有书人家去借书。冬天，寒风刺骨，饥寒交迫，范仲淹在寒冷的山洞里坚持读书，有时家里的粮食没有及时送来，他就到山下去借一点；有时没有办法了，就只有热粥吃，就这样也常常断顿。他把熬好的粥冻起来，划成几块，早晚只吃一块，这就是流传久远的"划粥断斋"。范仲淹就是在这种环境里饱读经书，并磨练出了吃苦耐劳的精神和坚强的意志，为他日后成就一番事业打下了基础。

如果成长需要非常强烈的话，即使我们的基本需要没有得到满足，我们也能克服各种障碍，推动学习的发展，最后甚至可能改善基本需要的满足。

✦ 以书会友

人是社会动物。我们都需要归属感、友谊和爱，渴望被某一群体接纳、承认和关注。当我们在一个友好、和谐氛围下进行学习时，我们就能轻装上阵，提高学习效率，也有利于思想的交流与碰撞，催生创新观点的产生。

小露有一个特别好的学习伙伴，她们俩每天一块儿上学、放学，课间一块儿讨论问题，放学后一块儿做作业，两个人的成绩在班里都排在前10名。如果其中有一个人病了，或者家里有什么事不能去上课，另外一个人就会给对方记笔记，做辅导。小露觉得，一个人学习有点孤单，两个人一起学习乐趣无穷。

"嘤嘤其鸣，求其友声。"友谊对于学习的作用巨大。我们在学习与生活中，要善于相互帮助，求得共同的进步。

✦ 为了尊重

我们每个人都觉得自己是重要的、有能力的人，有一颗自尊、自信和自豪之心，也希望得到他人的赏识、赞许、支持与拥护，从而证明自己是一个有价值、有实力、有成就的人。在这种光环下，我们干起事情来通常会有使不完的力气。否则，就会产生自卑感、无能感和软弱感。

每次取得好成绩，志胜都能感受到班主任老师赞许的目光，也能从同学眼中看到羡慕与敬佩的目光，从父母眼中看到满意的目光，这一切让他觉得很欣慰，身上也顿时力量无穷，觉得学习真是一件非常有意思的事情。

尊重通常是努力的结果，志胜正是通过自己的努力学习换来老师、同学和家长对他的认可与赞许的。这种通过自己的不懈努力获得的尊重，通常会增加我们的自尊与自信。

促进潜能发挥

✦ 求知就像呼吸新鲜空气

诺贝尔奖金的创立人、炸药的发明者——诺贝尔曾经被别人称为"炸不死的人"。原来他在研究炸药时经历了多次爆炸，几次与死神擦肩而过。1864年，诺贝尔的实验室里传出一阵猛烈的爆炸声，五个人因此丧生，其中包括诺贝尔的亲弟弟，就连他的老父亲也受了重伤。但是，尽管如此，诺贝尔并没有知难而退，以后他的实验室又不停地传来阵阵爆炸声。邻居们害怕了，不让诺贝尔继续在实验室研究炸药。诺贝尔便把实验室搬到了湖中心。一天，又是一次空前的爆炸声，人们都失声喊道："诺贝尔完蛋了！"谁知，从浓烟中冲出一个满脸鲜血的人，高喊着："我成功了，我成功了！"这个人就是诺贝尔。就这样，安全炸药被研制出来了。

想一想：诺贝尔为什么可以不顾生命安危，遇到重重阻碍后继续研究炸药呢?

这是因为诺贝尔有一种强烈的科学求知的愿望，正是这种愿望激励着他继续他的研究，并最终取得了巨大的成功。其实，我们每个人都有强烈的求知欲。请想一想，当你还是幼儿的时候，是不是总对周围的一切都充满了好奇心，总喜欢问个为什么："为什么星星和月亮不跟太阳一起出现？""为什么海水是咸的？"科学上要有所发现，必须要有强烈的科学求知欲。我们要想在学习上有所成就，更需要强烈的求知欲。

求知就像呼吸新鲜空气

一个青年问苏格拉底："怎样才能获得知识？"

苏格拉底将这个青年带到海里，海水淹没了年轻人，他奋力挣扎才将头探出水面。苏格拉底问他："你在水里最大的愿望是什么？"

"空气，当然是呼吸新鲜空气！"青年人回答。

苏格拉底说："对！学习就得使上这股子劲儿。"

仔细观察一下班里的同学，回答下列问题：

谁的求知欲最强？

他/她求知欲强的表现是什么？

他/她的成绩如何？

你认为他/她在学习的过程中快乐吗？

你希望自己像他/她那样吗？

你现在是否发现，求知欲强的人往往学习起来特别快乐，不觉得费劲！而且，他们的成绩一般都很好！

✦ 腹有诗书气自华

　　爱美之心，人皆有之。我们向往秩序、对称、结构、和谐、宁静等美。美存在于文化之中，它虽然不是生命必不可少的元素，但却可以滋润人生、陶冶情操、丰富生活和增加乐趣。还记得吗？小时候，懵懂无知的我们虽然不知道什么是美，却会经常羡慕自己在生活中、电视里见到的那些谈吐不凡、气宇轩昂的诗人、哲学家、科学家、政治家、演讲家、成功商人，觉得他们特别美，特别有人格魅力。你觉得那些人吸引自己的地方在哪儿？把它写出来吧！

　　谈吐不凡、气宇轩昂只是这种美的外部表现，其实质是一种内涵美。宋朝黄庭坚说："三日不读书，觉得面目可憎、语言无味。"一个人有漂亮的容貌、亮丽的外形，人们也许会眼前一亮，觉得美。但是如果她/他不学无术、讲起话来哗众取宠、满嘴错字、道德败坏，就会马上让人另眼相看，畏而远之。一个有气质、有道德、有文化修养和个人修养的人是真正有内涵的人。内涵不等于漂亮，而是来自坚持不懈地学习与修养。

　　"腹有诗书气自华。"寥寥七个字深刻地揭示了知识与人文气质、风度之间的关系。知识能够让生命进入更深刻的内层，使心灵散发出奕奕神采，使我们的气质与风度展现出来。

✦ 实现自我

　　我们每个人都渴望能够最大限度地发挥出自己的才能，感受由此而带来的成功的快乐。

当你经过努力，完成了一项任务；

当你在运动会上获得了短跑的前三名；

当你在歌唱比赛上获得了很好的成绩；

当你考试考了年级里第一名；

当你成绩中等，经过努力，冲进了班级前十名；

当你成绩很差，但是通过努力，比上次多考了50分；

当所有的人都以为你做不到某件事情，但你通过努力最后打了个漂亮仗；

当你……

这时，你的内心是不是美滋滋的，充满了自豪感，体验到了成功的快乐？才能的发挥并不一定要取得多么伟大的成绩，只要你比上次进步了，那就是一种成功，你的才能就得到了发挥，你的价值就得到了体现。

不要低估自己的才能。我们每个人都蕴藏着巨大的潜能，我们已经发挥的才能往往小于我们的潜能，但并不是每个人都意识到了这一点，更不是每个人都努力地去挖掘了自身的潜能。如果把一个人的潜能比作一座冰山，那么真正被开发出来的只是水面上的冰山一角。千万不要认为自己没有潜能，只是自己没有意识到并将它开发出来而已。

我们并非命里注定不能成为爱因斯坦，只要发挥了足够的潜能，任何一个平凡的人都可以成就一番惊天动地的伟业，都可以成为一个新的爱因斯坦。当然，自我实现并不是说我们都得成为爱因斯坦，关键在于我们能够发挥自己的才能，追求自我进步，做最好的自己！

自我实现的事情可大可小，小则小到自己顺利高效地完成了作业，或者做成了某件自己以前不会做的工作或掌握了某项技巧；大则大到发现了某个新的物理定律等等。最重要的是，自己的才能和优势得到了发挥。只要你在不停地进步，那么，将一次又一次的微小的自我实现积累起来，你最后一定会完成人生巨大的自我实现！

第二课 没有兴趣怎么办

两组高中生参加语文阅读和写作课程，一组为智能组，另一组为兴趣组。智能组平均智商为120，但他们对语文和写作没有兴趣；而兴趣组的学生平均智商只有107，可是他们喜欢阅读和写作。你认为，通过相同的训练，哪组的阅读和写作成绩会更好？

以上是美国一位心理学家做过的实验研究。结果发现，兴趣组的阅读和写作成绩要明显优于智能组。从这个实验之中，你获得了什么启示呢？

知之不如好之，好之不如乐之

智商并不是成功的决定要素，兴趣才是促成事情成功的关键。有了兴趣，一个人会趋向于认识、掌握知识，力求参与某项活动，并能够体验到过程的快乐。不信，请观察一下你的身边，并思考下面这些问题：

班里头脑最灵活的人是谁？

班里对学习最感兴趣的人是谁？

班里对音乐最感兴趣的人是谁？

班里对体育最感兴趣的人是谁？

谁学习起来更容易、更快乐些？

谁的学习成绩、音乐或体育成绩更好？

显然，那些对某学科感兴趣的同学肯定在这门学科上成绩最好，快乐感也更强。日本教育家木村久一说过："天才，就是强烈的兴趣和顽强的入迷。"伟大的博物学家达尔文就是一个例子。

达尔文的兴趣

据达尔文的父亲回忆，达尔文小的时候是一个"平庸的孩子"，既不是高材生，也不是差等生。但他酷爱收集各种矿石、植物、昆虫等标本，还对各种鸟类进行详细观察和做记录，并乐此不疲。由于成绩不佳，达尔文从中学退学，然后被父亲送入爱丁堡大学学医，后来又被送去剑桥神学院学神学。可是，达尔文自幼培养的兴趣并没有改变，每当课余或假日，他就疯狂地奔向海滨、田野和高山。自然界的虫鱼鸟兽、花草树木简直成了他的好朋友。神学院毕业后，他获得了牧师的职位，但他并没有放弃自己的兴趣和梦想，还不顾家人的反对，登上"贝格尔"舰到世界各地做环球考察，继续他的博物学事业，最后写成了《物种起源》。后来，达尔文在自传中写道："就我记得我在学校时期的性格来说，其中对我后来发生影响的，就是我有强烈而多样的兴趣，沉溺于自己感兴趣的东西，喜欢了解任何复杂的问题和事物。"

根据达尔文的故事，你觉得达尔文之所以取得科学发现，除了兴趣之外，还有什么其他的原因吗？

对了，就是把兴趣坚持到底的恒心了！那么我们可以得出一个公式：

兴趣 ＋ 恒心 ＋ 一般的智力 ＝ 成功

兴趣和恒心有时是一个不可分割的整体。如果我们对某事物的兴趣很强烈，那么即便再苦再累我们一般也能够坚持下来。如果受点苦就不想继续学了，那说明你的兴趣可能还不够强烈哦！你可能需要一些提高兴趣的训练。

🌟 一个成功者的故事

小时候，梅子的妈妈曾经给她报过许多班，有国际象棋、书法、小提琴……但她总坚持不下来，觉得国际象棋太枯燥、书法太无聊、小提琴太沉……总之，她总能找到各种各样的不想学的借口。然而，到后来的舞蹈班，情况却不一样了，她对舞蹈居然一见钟情，天天劈腿、倒立，再疼再累她也从来没有任何怨言。梅子就这么十几年如一日地坚持了下来，多次获得了市级、省级，甚至国家级大奖。

想一想，你在哪个方面的兴趣比较强烈呢？语文、数学、英语、物理、唱歌、化学、美术、跳舞、象棋……每个人都会有自己感兴趣的方面。如果你说没有，那只能说明一个问题，你还没有发现自己的兴趣，那么赶紧擦亮你的眼睛去找吧！

可别小瞧兴趣的作用。兴趣可以促使我们全身心地投入到工作之中，让我们感受学习的快乐。仔细回想一下，做自己有兴趣的事情和做自己不感兴趣的事情，哪一个更快乐呢？孔子曾说过，"知之者不如好之者，好之者不如乐之者。"一个对象棋具有浓厚学习兴趣的学生常常会废寝忘食、孜孜不倦地进行学习；一位对科学有强烈兴趣的科学家，常常对实验如痴如醉、废寝忘食，全然忘了外面世界发生的事情。

🌟 科学家的痴迷

19世纪，法国著名物理学家安培是一位把志趣完全投入到科学事业上的专家。在实验中，安培一连十几天闭门不出，埋头工作。为防止客人来访，打扰了他的研究，他特意在自己家的门上贴了张字条

"安培先生不在家"。这样，来找他的人看到字条便返回了。一天，安培自己外出办事回来，边走边思考，看到了门上的那张字条，便自言自语地说："啊，原来安培先生不在家！"便转身走了。

有一位科学家，对科学实验如痴如醉，经常忘了实验室外面发生的事情。后来，他夫人生病，医生来通知他赶紧去见最后一面。结果，这位科学家说了一句让大家都很吃惊的话："你能不能叫她等我一会儿。"

兴趣能激励我们进行知识的积累，如果你对化学感兴趣，兴趣就能激励你积累各种化学知识，研究各种化学现象，为将来研究和从事化学方面的工作打基础、做准备。兴趣还能促进我们的创造性。如果你对物理感兴趣，你就会刻苦钻研物理，并且根据物理原理制作各种小发明，如不用浇水的自动浇花器等等，这不仅可以大大提高你的学习成绩，也能提升你的创造性思维。

你是哪种兴趣类型

下面有四种兴趣类型，看看你属于哪种？（　）

A. 我经常一会儿对这个感兴趣，一会儿对那个感兴趣，很难对某一学科产生强烈的兴趣。

B. 我只对某一学科或某一领域感兴趣，其他的兴趣不大。

C. 我对各科都比较感兴趣，其中对某一两科尤

其感兴趣，有一些稳定的课外兴趣爱好。

D．我对什么都提不起兴趣。

这四个问题的回答代表四种兴趣类型：

A型　花蝴蝶型

如果你选择答案A，你就像一只蝴蝶，穿梭于花丛中各种各样的花朵之间，很少只驻足于一朵花。也许，是因为你还没有发现自己的兴趣所在；也许，是你做事缺乏耐心，驻足在某件事情上的时间太少，以至于还没有体会到其中的快乐就飘然而去。

对此你不要过于自责，你的兴趣的不稳定可能是一个不断尝试，并最终找到适合自己兴趣的过程。在条件允许的情况下，可以多多尝试。但是，在你转移兴趣之前，有一点要注意，给自己的兴趣多一些充分了解的时间。了解的过程可以是通过查阅书籍、询问老师朋友，如果这个时候你仍然确定自己对这个领域不感兴趣，那么再放弃也不晚。怕的就是，你还没有深入了解它的内容就把它放弃了。

B型　偏科型

你可能特别喜欢英语，却不喜欢数学；可能特别喜欢语文，却不喜欢物理、化学……

如果是这样，那么，你就存在偏科问题了。

虽然这是个问题，但也不要太着急。至少，你在自己偏爱的学科里还存在优势。如果你足够优秀，还是有机会的。钱钟书语文很好，数学却考零分，结果清华大学破格录取他，给他提供了一个很好的学习条件。

兴趣，事业的引路者

张帅是许昌县实验中学高三七班的一名学生。他本来应该和班上其他同学一样，在"上不上大学、上什么样的大学"这一人生抉择关口，坦然地接受高考的筛选。但对于历史的浓厚兴趣和卓有成效的研究成果，改变了张帅的人生轨迹，使他成了一名不普通的中学生：

先后两次纠正中学历史教科书中的错误，得到有关专家的高度评价；15岁便在《中国近代军校研究》上发表自己历史研究的处女作《黄埔军校名将——文强》，至今已在《铁军》、《许昌文史资料》、《河南文史资料》、《中州今古》等文史刊物上发表论文10余篇；17岁即加入河南省新四军和华中抗日根据地研究会，成为该会最年轻的会员……

如果你能将自己在某科的优势充分发挥出来，那么成功的机会还是很大的。但需要注意的是，偏科毕竟还是一个问题。能够得到钱钟书那样机会的人毕竟还在少数。我们大多数人还是得去挤高考这座"独木桥"，中国的考试是讲总分的，如果偏科偏得很严重，恐怕会进不了大学的校门！

要知道，历史上许多"大家"往往是全才。达·芬奇不但是个画家，还是个雕塑家、建筑家、工程师、科学巨匠、文艺理论家、大哲学家、诗人、音乐家和发明家。爱因斯坦除了是个伟大的物理学家，还是一个优秀的小提琴手。

C型　　综合发展型

你不但兴趣广泛，而且还有自己的优势项，属于兴趣发展得比较平衡的类型。

很好，请坚持！

D型　　兴趣冷漠型

你可能存在厌学情绪，或者处于迷茫状态。

请仔细想一想，为什么会有这种情绪？是家庭的原因、学校的原因，还是因为体会不到成功的乐趣所以就干脆放弃了？

请试着用下面这些小技巧来提高你的学习兴趣。

提高兴趣的法门

✦ 自我暗示

如果你对某个学科不感兴趣，那么可以暗示自己："我很喜欢这个学科，它能让我体验到快乐。"

语文特级教师魏书生，由于工作需要每天要完成5000～9000字的写作。于是，魏书生就暗示自己："写文章很轻松、愉快，写作是心灵的述说，心语似清泉从笔尖汩汩流出。这种快乐体验并不是每个人都能享受的，所以我要好好珍惜。"在这样的反复自我暗示下，写作便真的变成了一件非常有趣的事情。

很多时候，不是你不行，而是你过早地否定了自己。你说自己行，你就行。不信，你就试一试。

小红对地理一直没有什么兴趣，因为她的地理成绩很差。后来她听老师说，只要一门课的成绩落后，就很难考上大学。她决定改变地理学习的现状。每天起床后，她对自己说的第一句话就是："我的能力很强，我比想象的要聪明很多，我一定能够学好地理！"每次学习地理的时候，她就提醒自己这一点，并回忆自己的语文在班里考最高分时的情景，这样，她就能乘着语文成功的那种喜悦，快快乐乐地学习地理了。结果，一个学期后，她真的开始喜欢上地理了，并且取得了很好的成绩。

小红的窍门就是不断地自我肯定："我很聪明、我能行！"而且将其与已有的成功情境联系起来。

✦ 假喜真干

如果你不喜欢某件事情，但是又不能避免它，那么尝试假装喜欢它。

> 一个学生在校餐厅工作，他觉得工作很枯燥、乏味，一点儿也不喜欢。但是，为了生计他不得不坚持做这份工作。后来，他就只好假装喜欢这份工作，想尽办法使工作变得有趣。他开始对饮食的配方、烹饪的秘诀进行探讨，后来进一步研究食品化学。虽然他开始时对这些不感兴趣，但是后来却慢慢产生了浓厚的兴趣，并进入了某大学攻读食品应用科学，成为了这方面的专家。

有心假喜，假亦真！

✦ 爱屋及乌

如果你不喜欢某件事情，你可以找一位热爱这件事情的同学或长者做朋友，在对方的不断影响下，改变自己的态度，逐渐喜欢甚至热爱起这件事情来。

> 有一个孩子叫李克，他代数学得很差，但他又不能完全放弃它，因为母亲时常告诫他，进大学至少需要不错的代数成绩。一方面，母亲认为李克并不努力；另一方面，李克觉得每当他应付代数问题时，自己就变得紧张甚至惊慌，由于屡遭失败，他越来越觉得自己又笨又蠢，而实际上，除了代数以外，他其余的功课都非常好。李克的母亲曾试图通过给予奖励来强化他，但并不起作用，后来给他请了一名家庭教师，也是收效甚微。
>
> 一年后，李克和他的伯伯共同生活了一个月。他的伯伯是一位

建筑师，他在伯伯那里能够浏览建筑书刊，还能见到装饰材料和建筑设计图纸。而且伯伯还带着李克去为客户监审建筑设计。这些经历给李克展现了一个崭新的世界。随着兴趣和好奇心的增强，李克提出了好多问题，他的伯伯对此都做了耐心细致的解答。到了月末，李克觉得自己也希望成为一名建筑师。但代数不好怎么办呢？他在征求伯伯的意见时，伯伯给他提出了一些有益的建议。当李克回到家里时，使家里人感到吃惊的是，他提出要在新学年从家庭教师那里抓一下代数方面的"应考课程"。在起初的一阵感动之后，他的父母表示同意，条件是要他自己负担学费。使大家感到奇怪的是，李克同意了这个条件。他每周要挤出一两个小时去挣学费，但他的学习成绩却奇迹般地提高了。而且过去的那种糟糕的心情也平静了下来。

✦ **应用驱动**

当我们在实际生活中经历到某一问题情境，需要我们具备某一方面的知识和技能时，我们就能唤起内心的激动状态，产生焦急、渴求等心理体验，并激发出一定的学习行为。

王方同学平常英语成绩平平。有一天，遇上一位外国人向他问路，他咿咿呀呀解释了半天还是没能让这位老外明白怎么走，这才发现自己平日学的都是哑巴英语，强烈的羞耻感促发其学好口语的学习行为。他决心使自己能够流畅地和他人用英语交谈，表达自己。于是，王方决定报名参加英语口语班，寻找同伴一起练习，而且坚持每天早晨大声朗读英语，对英语的兴趣越来越浓厚，从英语学习的进步中也不断体验到快乐。

自我激励

✦ 兴趣转移

当我们对某种活动或知识不感兴趣而对另一种活动感兴趣时，我们可以考虑从自己感兴趣的活动中衍生出对另外一种活动的兴趣。

东东刚刚接触英语时，完全不觉得学习这"鸟语"有何用处，很抵触，更不用提喜欢！一次，他去表哥家，看见表哥一直对着电脑笑个不停，十分好奇。走近一看，原来表哥是在看一个美国的系列短片，名为《老友记》（Friends）。他一个人无聊，便也在一旁看了一会儿中文字幕，很累，但发现里面的语言着实搞笑！自己也不禁哈哈大笑起来！幽默的语言、滑稽的表演，使东东有点上瘾了！回家后，他搜集、下载了所有《老友记》的片段，足足三个月，东东终于将《老友记》看完了，捧腹之余，东东惊讶，自己竟爱上了英语学习，甚至会主动寻找机会练习英语！

✦ 拓宽知识

有时候，我们不喜欢某种东西，也许是因为我们对它的了解还不够，没有接触到那些有趣的部分。那么，不妨先去拓宽一下你在这个领域的知识，可以通过参观博物馆、阅读书籍、参加游戏、做智力题、动手做实验等形式来深入体会知识的乐趣。

例如，学习物理的时候，也许有很多同学会觉得头疼。那么多概念，怎么也提不起兴趣。为何不尝试着去找一些有趣的小实验做做，相信你肯定会对物理产生兴趣的。比如，有关压力的知识，如果光看书本，你可能会觉得枯燥，那么，我们现在来做一做下面这个小实验：

如果将一把刀放在一张对折的纸中，并把刀刃面向纸痕。然后，用这把刀去切土豆，你认为土豆能被切开吗？纸会不会被切破呢？

我的答案：_____

好，我们来看看结果是怎样的，请看下图：

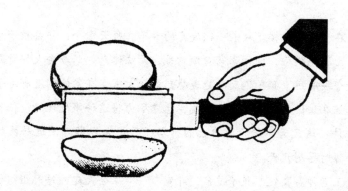

答案：土豆被切开了，但纸张没有破。你的答案对了吗？

这是为什么呢？原来，纸随着刀刃切入土豆，刀刃对纸纤维的压力得到了土豆的反压力。因为土豆比纸纤维软，所以纸不会被切破。而且即使是去切一个未熟的果实，纸纤维也能够经受得住！但如果你把上面的纸捏住，那就将缺少反压力的平衡，纸就会被切断。怎么样？是不是一次很有意思的关于压力的探讨啊？

事物的有趣之处有很多，关键在于你有没有一双发现它的"火眼金睛"哦！

你有什么更好的方法吗？

第三课　为谁辛苦为谁忙

在一座宿舍楼下放着一辆废弃的卡车。每天中午，一群孩子总是在车上蹦蹦跳跳，闹得家家心烦意乱，无法休息。居委会大妈责骂、轰赶全没有用，孩子们反而越轰越起劲。大家实在拿他们没有法子。

住在该区的王老师主动请缨，愿意尽力将这件事处理好，但有一个条件：这几天不得干预自己的行动，并请大妈做好附近居民的工作，暂时忍耐几天。

王老师召集这些孩子过来，并宣布："从今天起，每天组织你们上车比赛，谁蹦得最高谁得奖，今天的奖品是这个!"王老师高高扬起一把漂亮的玩具手枪，孩子们欢呼雀跃，竞相蹦跳，累得筋疲力尽，其中一个人得了奖。过了几天，王老师又宣布："今天的奖品是两块巧克力!"这样又过了几天，王老师又公布奖品："今天的奖品是一包花生米。"

你猜，孩子们会是什么样的反应?

为谁而玩

孩子们一听，牢骚大发，纷纷抱怨："不蹦了！不蹦了！累得要死，真没劲！不如回家看电视。" 宿舍楼又恢复了往日的安静。

试着分析一下，在王老师给物质奖励之前，孩子们因为什么原因而去蹦？

那么，当王老师给他们物质奖励之后，他们又是为了什么而去蹦？

为什么这群孩子的态度前后会有如此大的反差？

孩子们刚开始在废旧卡车上蹦蹦跳跳是因为觉得好玩，即对这件事情有兴趣。但是，当王老师给了他们奖品之后，孩子们的目的就开始改变了，不再仅仅因为好玩而去蹦了，而是为了获得更多的奖品。当王老师的奖品越来越少，甚至没有的时候，孩子们不会再觉得蹦蹦跳跳有意思，反而会觉得在干一件赔本的事情，于是他们中止了这项活动。

外在的奖励固然能够提高我们学习的兴趣和动机，但是如果把外在的奖励作为我们学习的唯一目标的话，必然会影响到我们的学习效果，也会削弱我们的学习动机。

心理学家德西在1971年做了一个专门的实验。他让一些学生解答妙趣横生的智力难题。开始，他对所有学生都没有奖励。接着，他把学生们分成两组，其中一组学生，每解答完一道智力难题就给予一定的奖励；另一组学生不给任何奖励。然后在两组学生的休息或自由活动的时间里，实验者观察发现，尽管奖励组学生在有奖励时解题十分努力，但在自由活动时却只有少数人在继续自觉地

　　这个结果表明，对于一项愉快的活动，如果提供外部的物质奖励，反而会减少这项活动对参与者的吸引力。也许，你也有过这样的经历：本来挺喜欢数学的，考试也能考出很高的分数，父母看自己成绩好，给自己一些奖励，例如给你买手机、随身听什么的，或者获得了老师的表扬。这时，你可能会突然觉得学习成绩好原来就是为了得到父母的奖励、老师的表扬啊！反而从此对数学学习没了兴趣。一旦下次自己又考了很好的分数，父母却没有再次奖励你、老师没有再表扬你，你是不是很失落啊？会不会对数学学习没了兴趣呢？当然，这些只是假设，但是不可否认这些情况的确是存在的。

　　人皆有好奇之心。我们天生都是爱好学习、自愿探究的，但是，外在的奖惩有时破坏了这种内在动机。我们需要不断反省：我们是否也像马戏团中的动物在为他人控制的报酬而学习，我们的喜怒哀乐完全被控制在他人手中。我们需要时刻提醒自己：学习不是为了获得奖品，也不是为了听到表扬，而是因为好奇和兴趣，为了自己内心深处的快乐和喜悦！只有达到这种学习境界，才能真正做自己学习的主人！

内部动机PK 外部动机

A 篮球　　B 唱歌　　　C 跳舞　　　D 下棋　　　E 足球　　　F 看科幻小说

G 画画　　H 科学实践　I 乐器　　　J 军事　　　K 玩游戏　　L 其他

上面哪一项活动是你的最爱？

想一想，当你在从事这项活动的时候：

是否非常投入？

即便外界有干扰，是否也丝毫不影响你进行该项活动？

活动中遇到困难时，你是否能够不懈地坚持？

你这种强烈的兴趣是否让你在该活动领域取得了很好的成绩？

相信对于上述问题，你的答案大多数都是肯定的。那么，这说明了一个什么问题呢？

如果我们对某一个学科具有强烈的学习兴趣，我们就具有强烈的内部动机。我们就能在学习中获得乐趣，从学习活动本身获得满足。因此，我们能够积极地参与学习过程，在老师对自己评价之前就对自己的学业表现有所了解。我们具有好奇心，喜欢挑战，在解决问题时具有独立性，能够坚持不懈地努力学习，忍受挫折与失败。

秀秀对知识总是充满了好奇，从小就爱不厌其烦地追在爸爸屁股后面问"为什么"，长大后，这个习惯也一直没有变。老师上课的时候，她眼睛眨都不眨地认真听课，生怕自己漏听了什么内容，要是有什么不懂的地方，她下课后一定会追着老师问个究竟。放学后，她不是去图书馆查阅相关知识，就是在家里上网广泛阅读。她特别喜欢去解决一些具有挑战性的难题，越是自己不懂的地方她就越是好奇，非得把它弄明白不可。当然，秀秀的成绩很好，一直排在班里前十名。别人问她有什么诀窍，怎么能一直保持这么好的成绩？秀秀回答说："我也不知道，因为其实我并不是很在乎名次。我只是对学习特别感兴趣，什么都非得弄个明白，结果歪打正着，每次都名列前茅。"

相反，如果一个人学习只是为了获得外在的结果和奖励，那他就只具有强烈的外部动机。这时，他只关心结果，不关心学习的过程。他往往会选择没有挑战性的任务，因为那样更容易获得好的结果，一旦达到目的，他的学习动机就会降低；一旦失败，他就会一蹶不振。

妍妍是个特别聪明的女孩，学习成绩也特别好，旁人都挺羡慕她的，但只有她自己知道自己其实并不喜欢学习。一、二年级的时候，她就在学习上表现出了过人之处，一直都是班里的第一名。家里人很高兴，于是每次都给她买许多贵重的礼物作为奖励。刚开始时，她认为学习成绩好可以得到礼物，便对学习充满了兴趣，学得也特别卖力气。后来，她发现只要把握重点，记熟公式、例题，掌握考试技巧，就可以取得好的成绩。于是她开始在学习上投机取巧，也不愿深入挖掘知识点背后的深刻内涵。久而久之，她开始觉得学习真没意思，不就是记公式、例题和考试技巧嘛。她开始有厌学情绪，甚至不想再接着读下去了。后来，有一次大考她考得特别不好，她大受打击，从此一蹶不振，成绩再也没有好起来。

也许，你会就此认为，内部动机与外部动机是相互独立的，外部动机高，则意味着内部动机低。实际上，我们常常内外动机兼而有之。有些同学可能既觉得学习有趣，也希望能在班上取得一个好名次；而有些学生仅仅为了获得奖励。前者的内部动机和外部动机都较高，而后者则外部动机高、内部动机低。

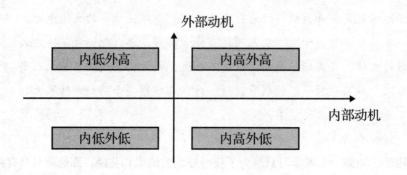

你位于哪一个象限呢？

向外部动机借"东风"

或许你会说，我也知道对学习的兴趣才是学习的最有效动力，但是，我就是对学习没有一点儿兴趣啊！你叫我怎么办呢？

在这种情况下，我们可以借用外部动机这一"东风"来帮助自己提高内部动机。我们先来看一个案例：

李红是初三的学生，她一点儿都不喜欢学习，每天放学回家后就躲在自己的小屋里看漫画书，任妈妈怎么说也不愿看看课本、做做练习。可想而知，她的成绩并不太好，每次考试她都落在其他同学后面。家里人很为她着急。有一天，妈妈迫不得已问李红："你要怎么样才能好好学习？提什么要求我都可以满足你。"李红放下漫画书，仔细想了想，说："如果你给我买一款现在最流行的诺基亚手机，我保证下个月的期末考试多考50分。"接下来的一个月里，李红每天放学回家都在小屋里埋头苦读，经常熬夜到凌晨1点。一个半月后，期末考试的成绩出来了，李红果然前进了很多，比上次多考了70多分。妈妈高兴得合不拢嘴，李红也如愿以偿地获得了心爱的手机。

看过这个案例，你有什么样的感想？

也许你要说，李红为了奖品而读书，这样不好。的确，为了奖品而读书不是一种最佳的学习状态。但是，如果你对学习一点儿兴趣都没有的话，不妨试试这个办法。可以先通过一些外部的奖励把自己的学习热情调动起来，然后，当你逐渐取得进步，获得一种成就感的时候，说不定你会真的对学习产生强烈的兴趣哦！

聪明的犹太人就很会利用外部动机来激发孩子的内部动机。当他们的孩子还小的时候，他们便在书上抹上蜂蜜，让小孩去舔书本，小孩尝到了甜头，都以为书是甜的，以此培养起对书的兴趣。蜂蜜的甜对小孩来说是一种物质奖励，它可以激发起孩子对书的一种良好的认知，由此萌发了读书的兴趣。

我们如何调用外部动机来获取内部动机呢？

第一步，设定一个切实可行的学习目标。学习目标的设定可大可小，可以是考试成绩进步多少分，也可以是成功地完成一次家庭作业，只要符合自己的学习状况、切实可行就行。

如果你不喜欢数学，但是你今天下午必须要写完一大堆数学作业，而你非常不愿意写，你怎么办？做完数学题

第二步，确立具有足够吸引力的外部动机目标。它可以是一辆山地车、一部手机，或者出去旅游一次，或者去买好多自己喜欢的军事杂志，或者去趟游乐园，或者吃一次麦当劳/肯德基……只要是自己感兴趣的目标就行。

再想一想，你最喜欢的课外活动是什么？踢足球、吃麦当劳

第三步，竭尽全力去达到学习目标。可以根据自己的情况制订小步子计划，从一点一滴的进步中体验成功的快乐。只要你体验到了学习的快乐，那么你就能慢慢培养起对学习的兴趣了。也许，在这个过程中会遇到一些困难，但只要坚持下来就肯定会有好的结果。

怎么样利用你喜欢的这项课外活动来调动自己对写数学作业的兴趣？

你可以对自己许诺："如果做完这些数学题，就去找同学踢足球。"

或者，你可以对自己许诺："如果做完这些数学题，就去麦当劳买冰激凌吃。"

第四课　读书真的无用了吗

被英国媒体称做"东方之星"的丁俊晖，个人履历辉煌：13岁获得亚洲邀请赛季军；15岁夺取亚洲锦标赛冠军；2006年获得多哈亚运会台球男子斯诺克个人赛、团体赛双料冠军。但是提到教育程度，丁俊晖却只受过小学教育。

《南方体育》的记者采访他时，问道："如果让你重新选择读书和打球，你选择哪个？"

丁俊晖说："当然是打球。"

记者问："为什么不愿意读书呢？"

丁俊晖说："读书有什么用？将来毕业了还不是要找工作？找不到工作就会待在家里让父母担心。我觉得人活着就是为了更好地生活，现在我打球有钱挣，挺好的。"

2003年7月，爆出来一条令世人惊诧的消息：往昔的高考状元、北大才子——陆步轩在西安的一个小铺子操刀卖肉。

2006年3月，清华在职博士生董冰去苏州修电动车。

做个精神贵族

相信上面这些事实的强烈反差刺激到了你的每一根神经，是否让你对读书的价值顿生疑惑呢？那么，请让我们来思考下面几个问题：

1. 你同意丁俊晖的看法吗？为什么？

2.丁俊晖、陆步轩和董冰这类人在人群中所占的比例分别是多少？

3.你认为丁俊晖判断读书没有用的标准是什么？你认为还有没有其他的标准？

4.你认为不通过学习，丁俊晖在台球方面能取得这些成就吗？

首先，丁俊晖是亿万人中难得出现的一个；而大学毕业生中陆步轩和董冰也是少数。

其次，丁俊晖并不是天生就会打球，也是经过长期刻苦地训练才练就了今日炉火纯青的台球技术。

最后，我们之所以会从上面三个事例中得出读书无用的结论，是因为我们在用金钱、社会地位等标准来衡量读书的价值。假设这种逻辑是正确的，那么请看下面的人物描述，并做出你的选择，选出你认为最有价值的人来。

A．他热爱学习，博览群书，图书馆的地板被他的双脚磨出来两个坑。但他的一生几乎是在贫困潦倒中度过的，他常常囊空如洗，衣食无着，仅靠写作赚取稿费维持生计。有一次，他的妻子和女儿生病了，没钱请医生，靠好朋友寄钱过来才渡过难关。

B．他中学时七门成绩挂红灯，并在高二时退学。他喜欢读书，发表了许多文章，也出版了许多书，成为众多青少年崇拜的对象，也赚了许多钱。

你认为哪位人物更有价值呢？

在上面两个选项中，A是马克思，B是80后作家韩寒。你的选择是怎样的呢？当然，上面这道题并不是说韩寒就没有价值，事实上他俩都是有价值的人。

但是，如果以金钱、地位作为衡量标准的话，相信马克思肯定是要被我们的所谓"正确"的思维给一票否决，因为他不过是一个穷困潦倒的落魄"书生"。但是，站在历史的角度上，谁能说马克思是个没有价值的人呢？谁又能否认他几十年如一日不懈学习的价值呢？韩寒也是个很爱学习的人，不然，又如何写得出那么好的文章和书？只不过，他没有走我们常规的小学——中学——大学的路线罢了。

所以，不是学习没有用，而是我们的判断标准，我们在学习效果上出了问题。学习的价值不仅仅在于能拿多少工资，能赢得什么样的地位，还在于我们能对社会产生多大的积极影响，还在于我们应当做一个知书达理的精神贵族，做一个合格的新时代的社会公民。

读书真的无用了吗

现在，读书无用论似乎又重新抬头了。由于就业情况和工资水平的差别，社会上流行这样一句话："大学生不如高中生，硕士不如学士，博士不如硕士。"如果你也是这么认为的话，你不妨自己动手去做一个调查！你可以找周围的父母辈的亲戚朋友，调查他们的学历、工资及他们对生活的满意感，然后填写下面的表格，并画出发展趋势图。

工资与学历的关系调查

姓名	学历	工资	生活满意度（满意/一般/不满意）

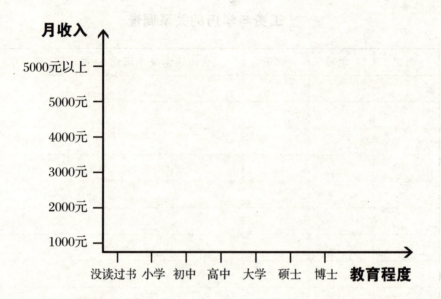

月收入

5000元以上
5000元
4000元
3000元
2000元
1000元

没读过书 小学 初中 高中 大学 硕士 博士 **教育程度**

当你将曲线图描绘出来时，你会发现个人所受教育程度与收入之间存在着正比关系，即教育程度越高，收入越多。这说明，读书对于大多数人来说还是有用的，有助于我们获得更高的收入。

据上海市统计局的调查显示，在小学及以下文化程度的就业人口中，月劳动收入在1000元以下的比重占八成以上；初中文化程度占57.5%。而具有本科文化程度的就业人口中，月劳动收入在5000元以上的比重接近20%；具有硕士、博士文化程度者则占40%。这些数据表明，文化程度越高，收入也越高，其财产的积累也越多。调查还显示，户主文化程度为硕士或博士的家庭，拥有50万元以上资产的比重占3.1%，拥有10~50万元资产的家庭占28.1%；而户主文化程度为初中及以下的家庭，拥有10~50万元金融资产的寥寥无几，很少有人拥有50万元以上的金融资产。

由此可见，读书并非无用。

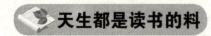 **天生都是读书的料**

丽红的数学成绩不好，每次妈妈让她多努点力，她就说："我天

生就不是学数学的料!""我对数字一点儿都没有感觉。"

你是不是也有自己不擅长的学科,并且也像丽红这样认为自己天生不是学习这门学科的料,从而自暴自弃呢?

事实上,任何一项能力都不是天生具有的,耐心学习与实际经验才是关键。数学学习如此,物理、英语学习等等也是一样。

很多时候,人们都相信世上有一种人天生就是做某某事情的料。在某一领域有突出成绩的人,时常被人们称之为"天才"。然而,在你感叹别人成为天才的同时却忽视了一个很简单的道理,人生下来都是一样的,都具备一样的大脑,在生命之初并没有表现出超越常人的特点。人在成长的过程中所接触的也是同样一个社会,处在同样的竞争当中,谁也没有比谁多出任何资本,可偏偏就有一些人成为了天才,而另一些人却只有羡慕天才的分。这是为什么呢?

台湾有一本流行一时的书叫《看见自己的天才》,这本书的作者卢苏伟是一个智商只有70,小学二年级时还不会看时钟,小学五年级时才学会认字的"白痴"。凭着自己永不放弃的信念与坚定的毅力,以及家人的扶持,他坚持探讨自己生命中的缺陷与困境,克服重重困难,在七年中参加了五次大学联考,才考上了中央警官学校,最终在那里获得了成功。目前这位"天才"已经是个畅销书的作家、享誉国际的知名演讲家,也是台北县板桥地方法院少年调查官。

你认为自己的智商低于70吗?你还认为自己不是学习的料吗?天才的形成是要经过汗水浸泡的,是要经过千锤百炼而不断积累下来的。

天生我才必有用!

第二单元 转变信念

考试过后，试卷发下，学生们开始议论各自的成绩。

"你考得怎样，小郭？"小康问道。

"很糟糕！"小郭感到有些难为情，"我不是学习的料，我从来都不擅长写老师要求的这种东西，我根本学不好。"

"我这次也没有考好。"小康回应说，"不过我早料到这次会考不好，因为我这段时间学习太不用功，我就知道我这次会有麻烦了，不过我可不想这样的事情下次再发生。"

"简直难以置信！"小蓉抱怨说，"真见鬼了，我居然只得B。老师到底有没有认真读我写的东西啊！"

"我才得C。"小冲补充说，"不过我倒不觉得有多糟糕，我从来就没好好学过这门课，让我及格，我已经是谢天谢地了。"

在学习之中，我们不仅心怀好奇，渴望理解，更愿意成功解决问题。我们还有自己的种种信念，例如，我们是如何看待自己的成败呢？我们对自己的能力有什么感觉？我们是不是太爱面子等等。这些信念可能是我们意识不到的，却与我们的好奇和渴求一样强有力地、深深地、一贯地影响着我们的学习情绪和动力，左右着我们的学习抉择。试想一下，面对考试失败，小郭认定自己根本学不好、小蓉认定是老师偏心，他们还会通过努力学习来提高写作能力吗？小康坚信努力是成功的保证，他认为自己考不好是因为努力不够，我们有理由相信，他今后会真的付出努力的。可见，信念的力量是多么强大啊！

在这一单元里，我们将审视自己的几种关键的学习信念，例如，我们对自己能力高低的判断（第一课：信任你自己）、追求成功的倾向(第二课：人人都能成功)、分析学业成败原因的方式（第三课：为成败号准脉）、面对连续失败的感受（第四课：拔除心灵的毒草）以及内在的学习目标观念（第五课：不为做给别人看）等，看看应当如何转变这些信念，来促进自己的学习。

第一课 信任你自己

1984年3月9日的《文汇报》上刊登了这样一则故事：

> 美籍华裔物理学家钱致榕上中学时正值战乱时期，社会环境不好，许多学生无心学习。当时学校从300多名学生中选了60名，组成了一个"荣誉班"，钱先生为其中之一，教师告诉该班的学生，之所以挑选他们是因为他们有前途。后来这个班的学生基本上都考上了大学，大多数成了才。直到20世纪80年代，钱先生才从当年的教师口中得知，当时，这60名学生是学校通过抽签决定的……

根据这则故事，你觉得钱老师成功的原因有哪些呢？

神奇的自我力量

"说你行，你就行，不行也行；说你不行，你就不行，行也不行！"这是冯巩和牛群在相声《小偷公司》中的一句经典台词，想必此时会引起很多同学的共鸣！钱老师的成功很大程度来源于儿时的自信，而这种自信在心理学中还有一个好听的名字，叫做"自我效能感"。自我效能感是指你对自己能否成功完成任务的能力的主观判断。如"我可以吗？""我能行吗？""我能完成吗？""我能达到吗？"想一想，你在哪个方面的自我效能感很高？

是跳远、铅球、英语、作文、数学、唱歌、弹琴、神侃？感知他人的情绪变化、做家务？还是下象棋，或是独享寂寞……

每个人都会有自我效能感比较高的一些方面。不要说你没有，擦亮你的眼睛，只是你还没有发现！

自我效能感对我们学习的影响大着呢！首先，它可以决定我们对活动的选择。自我效能感高的人，总是愿意迎接有挑战性的任务，喜欢找一些新奇的、有一定难度的、通过一定努力最终能够做出来的题去做。而自我效能感低的人，只会去完成一些简单的任务，偏向于一些自己做过的或与之类似的试题。

其次，自我效能感也会影响你对活动的坚持性。比如，打游戏时，很多人可以废寝忘食，连续十三四个小时，面不改色心不跳；做智力趣味题，大多数人也颇有解不出来誓不罢休之势；象棋下一半，越是下得好的人，越不舍得离开棋局……

再次，自我效能感影响我们面对困难时的态度。如果你的自我效能感高，你就能克服困难，打倒困难，争称英雄；如果你的自我效能感低，你就会逃避困难，被困难打倒，甘做狗熊！

自我效能感还会影响你的学习和表现过程。如果你的自我效能感高，你就学得快、学得好，而且善于运用策略，能够自如地表现出你已获得的知识和技能；反过来，如果你的自我效能感低，便显得吃力、笨拙、低效。例如，篮球打得好的人，特别喜欢打篮球表演赛；而对于篮球自我效能感较低的人，则回避篮球比赛，甚至回避学习打篮球。

此外，自我效能感还会影响学习时的情绪，如果你的自我效能感高，学习时你就显得轻松畅快。但如果你的自我效能感低，学习时你就感到紧张不安、缩手缩脚、犹豫不定。

一位同学的一篇学习心得

我在高三，复习英语时，生词量很大，而高一、高二时的小聪明（不背单词，不背课文，因为老师从来不提问我），使得自己的单词积累少得可怜，因此在阅读理解时面临的生词就更加多。那时最痛苦的便是英语考试，面对一篇阅读，甚至一句话里就有五六个不认识的单词，顿时没了信心，读其他简单的句子，似乎也无法理解其含义，英语成绩自然很差。不过幸运的是，我虽然英语差，但是在其他方面能力并不低，如自己的人缘很好，物理、数学很好，因而我并没有索性放弃，而是决心暗下工夫，首先攻克单词难关。每天早上5:30醒来背诵单词，从高三的第一册书开始（其实每天也只是看看、读读，因为太早了，如果背诵，很容易又睡着了）。出乎意料的是，只坚持了三天，似乎就找到了自信，觉得自己很喜欢做英语题，像是一种挑战。更为神奇的是，有一次在做英语阅读时，我竟然可以看明白一两篇全文，并且能够领会题目中的陷阱，做出正确的解答。记得讲题时，有个同学问我那篇英语阅读中一个单词是什么意思，我又蒙了，因为自己根本不认识，后来再回头看这篇阅读，才发现原来里面有43个我不认识的单词，而我竟然正确地选出了所有正确答案。从此，我便感悟到了自信对自己有多么重要，而知识的储备只是一个基础，需要自己去发挥。想想看，那些英语好的同学，难道会认识阅读理解中的全部单词吗？但是他们却可以很好地理解全文，理解其中的含义！

其实每个人的知识储备相差都不大。也许你不赞同，比如数学，那么多题，你都不会做，你比其他学生的知识储备少多少？是啊，你有没有想过，你比其他同学差在哪里呢？

也许你会长篇大论，但追根溯源，不过是几个公式而已，难道不是吗？可见，在问题解决的过程中，知识的绝对储备固然重要，但面对问题时的自我效能感才是真正的决定因素。有道是"狭路相逢勇者胜"！想一想，每一件事都不只有唯一的解决途径，也许我们不会"乘式"，但是只要我们有信心能够解决问题，我们就一定能够找出诸如"加法算式"累积的方法。条条大路通罗马，就看你有没有自信去开拓、去实现！

给自己加油

自我效能感对我们的学习影响这么大，甚至影响了生活的方方面面。但它并非天注定，因此，我们完全可以从不同的途径来提高它。

✦ 成功的经验

回忆过去，请写下你的自我效能感比较高的两个方面，以及自我效能感不高的两个方面：

	自我效能感高	自我效能感低
经历		
感受		

比一比，看看自我效能感高和低，在经历和感受上有什么不同？

可见，我们直接经历的成功的、自豪的、喜悦的事件以及积极的、正面的情绪体验等，常常会带给我们较高的效能感。比如，参加国际象棋比赛获奖、整理房间令妈妈很高兴、助人为乐令同学们都喜欢自己。而那些失败的、尴尬的、受挫的、痛苦的经历和情绪体验会使我们形成较低的自我效能感。如体育成绩总是不及格、唱歌走音、因做错题被老师批评、因口吃和方言而被同学取笑……

那么，我们如何化弱项为强项，不断提升较低的自我效能呢？

第一，分解终极目标、细化成功标杆！

多才多艺的大学教授

一位著名的大学教授多才多艺，当有人问他为什么能把曲子拉得如此流畅动听时，他说："我是这样来练习的。每次练习曲目前，必先了解曲目是由几小节构成。比如，准备练习30小节，一天练习一小节，一个月即可练习完毕。不过，我并非从头到尾依次练习，而是从最简单的一小节开始，第二天，再从所剩的29节中挑选最简单的练习。用这种方法练完整首曲子，不但轻松自如，而且还在练完之后找到了各个小节之间的呼应关系，从整体上理解了这首曲子的境界。"

想一想，这位大学教授给了你哪些启发？

所谓"有志者事竟成"，但"志"从何来？很多家长认为自己的孩子没有志气、没有远大的理想、更不用说意志品质了！你听到后会觉得委屈吗？自己真的胸无大志吗？从来都没想过要成功地做好一件事吗？其实每个人生来便心存大志，只是不正确的成事方法（如好高骛远）使自己的"志"一点一点地腐蚀殆尽了！

分解你的任务，降低每一步完成任务的难度，用智慧搭建一条通往成功的专属自己的路。你会发现，在这条路上前行，以往的难题豁然开朗了，以往的沮丧消失无踪了，随之而来的是一点一滴的满足感、成就感以及神奇的力量——自我效能感！

现在还等什么？赶紧选出一项自我效能感较低的任务，分解它，然后吃掉它！

我的弱项：

细化目标：

终极目标：

第二，好汉也谈当年勇，智者不忘过去功！

"也提当年勇，不忘过去功"，并非让你夸夸其谈自己的光辉历史，而是在心里时刻备有一本英雄成长史，记载所有曾经的辉煌功绩、勇克难关……它就像一个温暖的港湾、超能的宝库，当你失落时给你慰藉；当你无助时给你力量！

想一想，自己的"过去功"你还能记住几条？哪些已经淡忘了？

我的英雄史记：

✦ 榜样的力量

杨双和孙星入学时英语水平差不多。一学期以后，杨双在一次英语竞赛中，获得了二等奖，而孙星因故没有参加。

如果你是孙星，你会有何感想？

你一定很遗憾吧，觉得如果自己参加了，可能也能得奖！这就是间接经验的作用，身边的榜样会给你带来无尽的前行动力！

回想一下入学时，还记得哪些同学与你的学习水平相当吗？列举出一二名。

现在他们与你比较，哪些方面胜过你，哪些方面不足于你呢？你的感想如何？

我的优势：_____

我的劣势：_____

我的感想：_____

曾经口吃的雄辩家

德摩斯梯尼（前384—前322年）是古雅典雄辩家、民主派政治家。但他却天生口吃，嗓音微弱，还有耸肩的坏习惯。几乎所有人都不会将他与演说家联系在一起。然而为了成为卓越的政治演说家，德摩斯梯尼做了超过常人几倍的努力，进行了异常刻苦地学习和训练。最初他的政治演说十分失败，多次被轰下讲坛。但并没有打败他的信念，反而激发了他刻苦读书学习的斗志。据说他将《伯罗奔尼撒战争史》抄写了8遍；虚心向成功的演说家请教发音的方法与技巧；为了改进发音，他甚至把小石子含在嘴里朗读，迎着大风和波涛讲话；为了改善气短的毛病，他一边在陡峭的山路上攀登，一边不停地吟诗；他在家里装了一面大镜子，从早到晚对着镜子练习演说；为了改掉说话耸肩的坏习惯，他在头顶上悬挂一柄剑；他还将自己剃成阴阳头，从而可以让自己躲起来，静心练习演说……

经过十多年的磨练，德摩斯梯尼终于成为一位出色的演说家、雄辩家。他的著名政治演说为他建立了不朽的声誉，他的演说词结集出版，成为古代雄辩术的典范，打动了千千万万读者的心。

读了这则故事，你有何感想？

是不是觉得口吃也算不了什么？只要想改，就一定可以成功。尤其是现在科技如此发达，我们改正起来要比德摩斯梯尼轻松得多，不是吗？

屡战屡败——屡败屡战

太平天国时期，曾国藩想浩浩荡荡地打到南京，战无不胜。哪知道出师不利，第一仗大败，他在长沙羞愧难容，要跳河自杀，但凭借坚定的信念，他挺过来了。之后他忍辱负重，再战江西，但同样也是左右为难，战况极为困难。他又面临强有力的对手石达开，石达开带领20多万士兵与他的队伍对抗。如此险境、困境并没有打倒曾国藩，反而愈挫愈勇。广为流传的是，在一场战争中，幕僚给曾国藩起草一个报告，写到湘军最近打仗屡战屡败，但是曾国藩提笔改为"屡败屡战"！

正是这种坚强的意志，坚定了曾国藩战争到底的决心，他击溃了历时14年、势力遍布18省、攻克城池六百余座的轰轰烈烈的太平天国运动，成为近代史上最具影响力的人物之一。

你有没有想过即使孙星参加比赛了，也未必获奖？因为杨双在这一学期付出的努力、汗水可能比孙星多得多！仔细想一想，为什么杨双、德摩斯梯尼、曾国藩可以成功?

常常有这样两类人:一类是自欺欺人型,即自我效能感很高,但却少见成功。原因是他们的经历与孙星相似,不同的是,他们故意回避"比赛",避免挑战,而用他人的成功来慰藉自己,美名其曰,"我要做,我也行!"另一类则是缩头乌龟型,即自我效能感很低,亦不会成功。原因是一遇到小挫折、小失败,便偃旗息鼓,抛之弃之,缺乏面对困难的勇气和迎战困难的毅力,自我效能感又如何能形成?

坚强的意志、恒久的毅力是自我效能感的引路人,你是否具备了呢?

✦ 暗示的奇效

前文提到的物理学家钱致榕,便是暗示力量的典型受益者。

当然,他人(如老师、家长)的行为我们无法左右,因此,我们要学会自我评价,自我肯定,用言语说服自己!

> **言语的力量**
>
> 在一所大学里,所有的学生都讨厌"植物学"这门课,感觉它所需要记忆的零碎知识太多了,大家怎么也记不住,成绩也很差。教授没有办法,请来了心理学家给学生做讲座。心理学家在讲座里教给大家一个办法——每天早晨醒来以后,以及睡觉以前,对着植物学课本全身心投入地大叫三声:"植物学,我太喜欢你了,对你太感兴趣了,我一定能把你学好!"这样,给自己以积极的心理暗示。一段时间以后,心理暗示成功了,学生们真的对植物学很感兴趣了,觉得记忆变容易了,学习成绩也大幅度提高了。

每每听完激励大师的讲座,或者是新东方英语学习的讲座,都会有一种热血沸腾、心潮澎湃的感觉,似乎觉得自己无所不能,再小的鸟儿也能变凤凰!

为什么呢？这就是因为他们用言语说服了你！可见，言语说服也是一种有效的影响自我效能建立的方法。

这是言语说服的一个真实的例子。不信，你也可以试试！当然，言语说服只是手段，而其核心是要肯定自我！常有人说："连自己都不相信自己，又有谁会相信你呢？""连自己都不确定的事情，又能让谁相信呢？"的确，生活中尤其是现今社会，想得到他人的肯定，是需要付出巨大的努力和辛劳的，来之不易。因此，不要再吝惜自我肯定，给自己一个积极的暗示，成就一种惊喜的人生！

自我肯定

威廉•丹佛斯是布瑞纳公司的总经理，据说他小时候长得瘦小赢弱，而且志向不高。因为，每当他面对自己瘦弱的身体时，信心就完全丧失了，甚至心中还经常感到不安。直到有一天，他遇见了一位好老师，人生观才从此改变。

上课的第一天，老师就把威廉找来，并对他说："威廉，我从你的自我介绍中发现，你有一个错误的观念！你认为你很软弱，那么你就会变得越来越软弱！让老师告诉你，其实你是一个非常强壮的孩子。"

小威廉听到老师这么说，惊讶地问道："是吗？怎么可能呢？我怎么可能是强壮的孩子？"

老师笑着说："当然是喽！来，你站到我的面前！"

只见小威廉乖乖地站到老师面前，并听着老师的指示。"看看你的站姿，就可以从中看出，在你心中只想着自己瘦弱的一面。来，仔细听老师的话，从现在开始，你脑海里要想着'我很强壮'，接着做收腹、挺胸的动作，想象自己很强壮，也相信自己任何事都能做到，只要你真的去做，鼓起勇气去行动，你很快就会像个男子汉一样！"老师说。

当小威廉跟着老师的话做完一次后，全身果然充满了力量。

如今，他已近耄耋之年，依然活力十足，因为他一直遵循老师的教诲，数十年来从未间断。每当人们遇到他时，他总是声音饱满地喊道："站直一点，要像个大丈夫一样。"

我们生活在一个纷繁复杂的世界里，很多事情不是我们可以控制和选择的，比如身体状况、环境的变化、父母的性格、老师的教学风格、教师对待学生的态度、同伴间的交流方式……如此种种难免会使心灵受到伤害。这个时候，千万别默默承受，而要勇于冲破头顶的阴云，挺直腰杆，给自己积极的暗示：**我是最棒的！**

第二课　人人都能成功

　　看到这幅图，请你想一想："这里现在发生了什么事？过去发生了什么事？将来会发生什么事？"

尽心尽力，坚持成功

　　每个人都为这幅图想象出了不同的故事。下面看看两位同学的想法：

　　同学A：这个男孩刚刚学完小提琴课程，他对自己的进步感到开心，并相信他所有的进步将会证明他所做出的牺牲是值得的。要成为一个音乐会上演奏的小提琴家，他不得不放弃大部分社会活动时间，坚持每天练习几小时。尽管他知道，如果继承父亲的事业可以能挣很多钱，但他更愿意成为一名小提琴家，并用他的音乐给人们带来欢乐。他坚持他的个人承诺，不管需要付出什么。

同学B：这个男孩拿着他哥哥的小提琴并希望能演奏它。但是，他认为不值得花费时间、精力和金钱去学习小提琴课程。他为哥哥感到遗憾，他哥哥放弃了生活中所有快乐的事情，只是练习、练习、再练习。要是有一天能够成为一个一流的音乐家就太棒了，但是，事情并非如此。现实就是枯燥的练习，没有乐趣，而且很可能只是成为一个在小城的乐队里演奏乐器的人。

你对这幅图的想象与哪位同学更接近呢？从这两位同学的反应中，你是否感受到他们追求成功的倾向存在巨大差异？一位同学是想成功但又感到困难重重而不愿付出努力，而另一位同学则是坚守信念，愿意坚持练习，不达目标誓不罢休。像这位同学尽心尽力、克服障碍、坚持不懈地追求成功的强烈的愿望和需求就是成就动机。

请细心观察你周围的同学，那些成绩好的同学是不是具有这样强烈的成就动机。他们在从事他们认为有价值的、重要的事情时，总是能够力求尽到自己最大的努力、将自己的智力发挥到极点、克服一切障碍，坚持将事情做得精益求精、尽善尽美。相反，有些同学尽管智力也不差，只是由于成就动机低，做什么都马马虎虎、得过且过，或者虎头蛇尾、半途而废。

一个人强烈的成就动机往往表现在他的学习、生活和工作的方方面面。从大的方面来说，表现为他的雄心、志向和抱负，决定着他在人生攀登中最终达到的高度；从小的方面来说，他在学习上付出最大努力，在活动中高标准要求自己，并且尽力把任务完成，在学业上才可能取得优异的成绩。

一节美术课上，主题是给粉笔"修身"，老师为了激发学生们的学习兴趣，课前用5分钟时间用幻灯片展示了很多精美雕刻。然后，老师发给学生们每人三支粉笔、一个小刻刀，要求大家尽量发挥自己的想象力，完成自己的作品。大家积极性很高，纷纷动起手来。

贝贝在看幻灯片时便开始构想自己的创作方案，她知道这个任务对自己来说比较陌生，因此决定从简到繁地进行，于是她先雕了一个小葫芦，很满意；又雕了一只小蜜蜂；最后她试图雕一把精致的剑。不料在雕刻剑的时候，总是把握不好力度，折断了粉笔，于是她向老师申请一支粉笔，并高兴地给老师看自己的作品，和老师交流。她的想法吸引了老师，老师给了她一定的指导，剑的雏形很快雕出来了，但是她还想给剑美美容，让这把剑成为一把举世无双的"宝剑"！整堂课上贝贝不仅做得很开心，还学到了一些比较专业的手法！

南南是贝贝的同桌，起初她并没有积极地投入雕刻，而是懒懒地趴在桌上，直到贝贝失败几次后和老师交流探讨时她才提起精神，并决定雕一把剑，但当贝贝热情地询问她在雕什么时，她却不予理睬，自顾自地雕刻。由于难度较大，她折断了所有粉笔，但她没有像贝贝一样积极地寻求帮助，而是生气地扔掉粉笔，愤愤地趴在了书桌上。

你觉得贝贝和南南的表现有哪些方面的不同呢？请写出来，并与其他同学交流一下！

我眼中的不同点：

我忽略掉的不同点：

追求成功者的特征

❧ 选择有挑战性的任务：乐意选择既有挑战又有成功把握的目标，不断提升自己。

❧ 咬定目标：通过不断努力来达成所渴望的目标。

❧ 设立高标准：尽量做到精益求精、尽善尽美。

❧ 全心投入：一旦涉入，便对任务全力以赴，有详细的计划和实际行动。

❧ 意志力坚强：为了成功，能很好地约束自己的行为，意志力很强，坚持不懈。

❧ 抗挫能力强：在困难面前不低头，乐观地对待挫折，对未来充满信心。

❧ 善于时间管理：工作效率高，能科学地运筹时间，不轻易浪费时间，珍惜时间。

❧ 积极求助：遇到困难，能积极寻求帮助，易抓住机遇，创造机遇，从而获得成功。

❧ 积极心态：肯定、认可、积极、乐观、自豪感强……

趋向成功，还是避免失败

假设有人让你在一个无人的屋子里独自一人玩套圈的游戏。你可以自由选择起点位置。你是选择距离目标很近的位置，百发百中？还是选择距离目标很远的位置，套中的概率很小？还是选择距离目标适中的位置，可能会有一半的机会套中目标？

如果你选择前两者，说明你是一个成就动机较低的人，做事是为了避免失败，确切地说，是为了避免因失败而带来的负面情绪。距离很近，确保绝对不会失败；距离很远，则别人也成功不了，自己也不会因失败而被别人小瞧。相反，如果你选择最后一种做法，则表明你是一个成就动机高的人，你不断地在挑战自己，追求可能的成功。你做事不是为了做给别人看，不是为了证明自己能干，而是追求自我超越、自我成长，没有最好，只有更好！

这一假定情境正是著名的心理学家麦克里兰曾经做过的一个实验。他就这一成就动机问题曾做过深入地研究，他发现，具有强烈的成就动机的人追求的是个人成就而不是报酬本身，他们极想把事情做得比以前更好、更有效；他们能够为解决问题的方法本身承担责任，及时获得对自己绩效的反馈以便于判断自己是否有改进；他们喜欢设置有中等挑战性的目标；他们不是赌徒，所以不喜欢靠运气获得成功；他们也不喜欢成功的概率过大，因为那样对他们的能力没有挑战性，当一项任务的成功的可能性为50%时，他们的成绩最好。

心理学家阿特金森在一项经典实验中演示了这一点。他在实验中把80名大学生分成4组，每组20人，给他们一项同样的任务。对第一组学生说，只有成绩最好者(1/20)能得到奖励；对第二组学生说，成绩前5名(1/4)将会得到奖励；对第三组学生说，成绩前10名(1/2)可以得到奖励；对第四组学生说，成绩前15名(3/4)都能得到奖励。结果如下图所示：

成绩水平

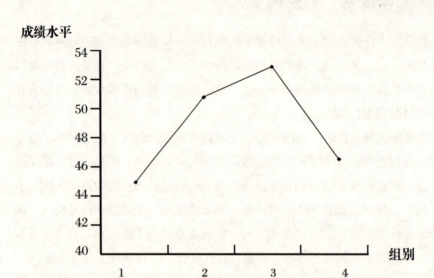

　　成功可能性适中的两个组成绩最好；成功概率太高或太低时成绩下降。第一组学生大多都认为，即便自己尽最大努力也极少有可能成为第一名；而第四组学生一般都认为自己肯定在前15名之列，于是，这两组学生都认为自己无须努力了。研究表明，最佳的成功概率是在1/2左右。因为大多数学生认为，如果尽自己努力，很有希望获得成功；如果不努力的话，也有可能会失败。

　　我们只要为自己设立了切合实际的目标，迎接适度的挑战，并为此坚持不懈，精益求精，那么一定能够达成最终的目标！

第三课　为成败号准脉

　　高一入学摸底考试成绩下来了，满心忐忑的肖羽一看考卷，顿时傻了眼，从没有想过自己会得如此低的分数——62分，难道是自己假期太放松了？还是自己骄傲自大……肖羽羞愧极了，深深地埋下了头。不料同桌突然惊呼："啊，你竟然及格了！"肖羽晕了，以为在嘲弄自己。这时老师走了进来，含着笑对大家说："我们这次考试很惨烈啊！"肖羽这才松了口气，原来是因为这次考题难啊！

　　对于学业上的每一次成败，我们都会自觉或不自觉地像肖羽那样在分析着原因。你可不要小看了这些不经意的归因（分析原因），它们不一定科学、客观，但却在无形之中操纵了你下一步的学习。不信？我们来看一看吧！

谋事在人，成事在心

　　假如你是肖羽，当听到老师说"这次考试很惨烈"的时候，你会有何反应？此时你会如何看待自己的62分？将你的想法写在下面的横线上，并预测接下来几天你的学习行为！

而如果肖羽并不知道同学们的考试结果，也没有听到老师的话，那么你觉得他在未来几天会有哪些学习行为？

想一想，在以上两种情境下，肖羽的想法会一样吗？接下来的行为反应会有哪些不同呢？

想必很多同学会这样写，若知是考题太难，肖羽便不再自责，但如此一来他便少了几分后续努力的激情和动力，往往被"我仍很优秀"所迷惑而松懈下来、停滞不前；而倘若他发现考试失利是因为他假期的松散、骄傲自大、不进而退造成的，则会在接下来的时间里奋发图强，百尺竿头更进一步……

当我们将某一行为结果（如考试结果）归因于一些可以掌控的因素（如努力程度、重视态度）时，便易激起我们进一步提升的动力；而当我们发现某一行为的结果是不为"我"所控（如考题太难）时，常常会令自己陷于安于现状、闭关自封的泥潭！

下面再来看看雷明的考试：

雷明上午有考试，不料闹钟没响，一觉醒来，已余时不多，于是冲出门去。骑车骑到一半，雷明突然发现自己忘记带准考证了，不得不折回家。当他再次出门时，又发现车胎气已不多，无奈又先给车胎充气。一切就绪之后，雷明终于到了学校，不过为时已晚，已经开考15分钟，还好，还可以进入考场，不过这一早上的忙乱，雷明早已没有考试的心思了，考试成绩不用说当然也不理想了！

你觉得雷明考试不理想的原因是什么呢?

想必很多同学会写: "他运气太差了!" "这不能怪他!" "考不好很正常啊,他也太倒霉了!"等等。如果雷明看到你的这些归因,他一定会很欣慰,因为他会有种被理解的感觉。但假如你是雷明,你会认为这些"霉运"是天定的、躲不过的吗?你能否想出办法来避免这些"霉运"?

也许你已发现,只要你准备充分、细心、重视,是可以避免很多所谓的"霉运"的。比如闹铃,为了防止一个闹钟坏了或听不见,可以配置两个或者三个;关于准考证和车胎,你若认为"明天考试,绝不能出意外",那么完全可以在前一天晚上将这一切准备完好,而不是早上起来手忙脚乱……"霉运""倒霉"往往只是我们推卸责任的托词罢了。

任何结果都会有起因,但其原因往往是多方面的。而平时我们归因常常只看到其中的一个方面,并将其大而化之,殊不知这是自我提升进程中最大的绊脚石。

而自我提升的另一块难缠的绊脚石即每个人对能力的观念。有人持有能力实体观,认为能力像东西一样,是天生的,不会变化发展的,如果我天生能力低下,努力在发展中根本不起作用。而有人则持有能力增长观,认为能力是后天努力学习的结果,学习可以使我进步、勤奋可以促我前行。想一想,你倾向于哪种能力观?

观察身边的同学，你觉得哪些人的观念属于能力增长观，他们有哪些特点？哪些同学又持有能力实体观，他们又有哪些特点？

持有能力增长观的人及特点：

持有能力实体观的人及特点：

是否发现持有能力增长观的人，更有自信、责任感、掌控感，遇事常常从自身找原因，不断提升进步；而持有能力实体观的人，常常以"我就这样（笨、懒）""考题那么难""我运气不好"等不可控的因素来推卸自己的责任，常常怨天尤人？

常听人说，"谋事在人，成事在天"，此时你是否觉得应该是"谋事在人，成事在心"呢？！只要我们锐意进取、谦虚谨慎，只要我们有"做好、负责"之心、"自我提升"之意，便可以从失败的原因中总结经验、吸取真知，逐渐达到"没有最好，只有更好"之境界！切忌只顾一时的心情舒畅，回避批评、逃避责任、拒绝失败，做一个"装在套子里的人"！

理性归因三面镜

春晓数理化成绩一直不好，有时甚至排在班级倒数几名。尽管她的英语、语文成绩还不错，但是较差的数理化常常令她在同学面前抬不起头，因为几乎所有人都认为数理化学不好的人属于天生的脑子笨！春晓自己也慢慢怀疑自己真的是笨，因为她常常在数理化的课堂上走神儿，听这三门课如同"鸭子听雷"，完全不知所云，而且春晓对这三门课的作业也感到十分为难，常常一拖再拖，看不懂更不想做，久而久之，春晓开始怕学、厌学，甚至想逃学了……

　　如果你是春晓的朋友，你会如何看她，也会觉得她数理化较差，大脑似豆渣吗？你知道该如何帮助她吗？

　　没错，要想帮助春晓，首先要帮她找到问题的症结，即成绩不好的真正原因，而非人云亦云地归结为脑子笨，并因此而绝望！那么如何正确科学地归因？下面教你三招：

> **理性归因面镜**
>
> 　　第一招，观照对象。如春晓的数理化不够好，那么需要再来看看其他科目，比如语文、英语、体育、政治……这些科目她的表现是否都很差呢？
>
> 　　第二招，观照过去。即可以引导春晓想一想，课堂外，如打游戏、玩扑克牌、逛街买东西时，自己的数理化能力是否同样很差。
>
> 　　第三招，观照他人。如一次成绩奇差无比，不妨先与周围的人比较一下，再对自己的成绩做出客观的归因。

　　经过这三招正确归因，我们基本可以排除春晓脑子笨、能力差的原因。那么到底是什么原因造成她的数理化成绩很差呢？这就需要联系实际了。春晓的原因主要在于她对数理化的态度不端正、付出不充足、方法也欠妥当！如春晓上课总走神儿，这严重影响了她对所学内容的吸收，没有听懂课，自然不会写作业，而写作业遇到困难她便退缩拖沓，没有及时补救，使得她的学习严重亏空、知识大厦泡沫累累，久而久之，当然会因心"虚"而怕学、厌学了！

　　这三招提炼出归因的基本过程，然而归因的结果却也存在一些不同，如有些人偏向于外部归因，即喜欢从外部找客观原因，往往找一些不可控的因素，而有些人则偏向于从自身内部找主观原因。这两种归因的结果均有利有弊，而最好的则应是全面的、内外兼顾的原因分析。下面就是几种常见的不良归因，看一看，比一比，想想自己有没有过类似的归因？

不良归因类型	例　子	特　点
浅层归因	我就是学不好。 我控制不住自己。	只从直接原因上分析，不从根本原因入手，不愿进行深入地剖析。
外部归因	这次考题太难。 我都没有复习。 我前一天晚上没有睡好。	倾向于主观以外的因素，一味地怨天尤人，强调客观原因。
片面归因	我就是太马虎了。 我没看见两道大题。	不愿全面、客观地归纳总结，而是只论一点，不及其余。
消极归因	我脑袋笨。 我记忆力差，什么都记不住。 我一看书就头疼。 考题总是那么难，我有什么办法。	把自己行为的成因归结到难以改变和控制的因素上，如个人禀赋、天资、任务难度等。

　　以上几种不良的归因，常会让人感到无助。因为这些原因常常不为我们所控，有些人以此推卸责任，而另一些人又会因此而心灰意冷，绝望无助！你有过类似的归因吗？如果有，请写出来：

想一想，自己为什么要这样归因？如果是其他人，他们会如何归因？"我"的这种归因，对"我"有哪些好处？哪些坏处？

如此归因的好处：

如此归因的坏处：

更好的归因方式：

任何行为的结果都会存在主、客观两方面原因，而每一方面又包含有林林总总的细小因素。如何在归因中成长，如何为将来的成败号准脉，是归因需要完善的方向。"遇事试三招，归因须全面"可以帮助我们提高"医术"，直捣"病源"！

文章不如我，造化不如他吗

旧时有一位私塾先生，自诩文章高明。他与自己的弟子们一道连续几届参加科举考试，但每次都是弟子们中举，自己却名落孙山。一次，主考大人宴请社会绅士名流，会上谈及此事。主考大人问他这是什么道理，他愤愤然吟诗道："文章不如我，造化不如他。"说罢，扬长而去。

想一想，私塾先生的话意味着什么？

若你是私塾先生的一位上榜弟子，你觉得自己的成功源于什么呢？

细心的同学一定发现了一个特点，即不同人对同一件事情的归因会有不同，自己与他人对同一件事情的归因也会有差别，即归因是存在偏差的。

> 马春有一份作业急着要交，可死活都做不出来，情急无奈下，她去问学委，但学委却推托说现在有点忙，并要马春去问别人……马春有点不爽，心里想："有那么忙嘛！我要不是急，才不找你呢。有什么了不起，以后再也不找你问问题了！"

事实证明，尽管真实情况是学委确实很忙，而在这百忙之中能给你一个建议要你去问问别人，已实属不错，但大多数人仍会因此而不爽、受挫、愤怒！这是典型的归因偏差的表现，即行为的施动者与受动者的归因不同，受动者（马春）倾向于强调施动者（学委）特质的作用（不够意思、小家子气、不乐于助人），而施动者倾向于强调情境的作用（很多事情要做、很忙）。

归因偏差是生活中导致人与人之间误解矛盾的一个重要因素，这主要是因双方所属的角度和出发点不同所引起的。受动者往往站在一个理想的角度，从常规的逻辑出发。如认为讲题对于学委来说小菜一碟，根本不会浪费很长时间，学委就是帮助同学学习的等等，一旦发现不合常规，便归因于施动者的个人因素、品行问题等。而施动者则更多地是从具体情况出发，强调实际行为的特殊情境。如不讲题是因为太忙，不想分散注意力，帮她找个更好的咨询者等等。

换位思考

学者斯托姆斯曾做过这样一个实验。他让成对的男性被试者进行简短的交往谈话，另外两个被试者在旁观察。随后问这些人，个性品质和情境特点在交谈的行为表现上的重要性如何。结果行为者认为情景特点比较重要，而观察者认为个性品质比较重要。然后，他又让部分行动者和观察者观看谈话录像。这时，每个行动者看自己就像观察者看他一样。而每个观察者则从行动者的角度来看待这个环境。通过这种移情转换，结果，行动者与观察者的差异大大减少了，更多的行动者进行了内部归因。

结果表明，日常生活中为了避免归因偏差，我们可以换位思考，即站在他人的立场去看一看、想一想。知己知彼、将心比心，正所谓"恕"也。

第四课 拔除心灵的毒草

王聪原本是个很优秀的学生，小学连续六年获校三好学生，在市"华罗庚数学竞赛"中获过二等奖，保送上了初中。可到了初中，王聪似乎变了一个人，整天要么没精打采，要么打架斗殴，不但不再谈论学习，甚至有点鄙视学习。原本没有基础的英语简直一塌糊涂，就连他的长项数学也一落千丈。家长以为王聪和伙伴们学坏了，老师却认为是王聪太骄傲自负了，然而没有人真正理解王聪那颗受伤的心……

王聪曾在日记中写道："他们的英语为什么那么好，而我却什么都不懂，听不懂老师在讲什么，简直就是个傻瓜，是鸭子听雷！为什么我的小学不开设英语课？为什么他们都能懂，而我即使再努力、再勤奋也赶不上他们！为什么这么不公平？难道我真的不适合学习英语？我真的很笨？也许是的，正如同桌说的，'这么简单的句子，你都听不懂啊？'那种表情简直就是在说：'你真是个棒槌！'其实我已经很努力了，我放弃了写数学作业，去背诵那些可恶的英语对话，可是还是不会赢得老师的赞许，得到的却是'没有创新、多听听其他同学的表述……'算了吧，我不适合学习英语，可是它那么可恶，使我的数学也落下来了，我怎么这么傻呢！现在的我什么都不是了……"

你是否也陷入过王聪的困境？有过王聪那种无助的苦恼？我们要如何来帮助他？让我们先来看看，王聪的这种想法正常吗？为什么会有这些想法呢？

习得性无助感

心理学家塞里格曼曾经做过这样一个实验。他将一条狗放在一个笼子里，笼子底面是金属的，笼子中间竖着一块隔板。当狗在隔板左边时，笼子底面接通电流，给狗相当痛楚的电击。这时，狗会本能地跃过隔板，跳到隔板右边。如果右边笼子底面也给以电击，狗会跳回左边……如此反复多次以后，狗不再主动跳跃，而宁愿放弃所有努力，绝望地待在某一边，默默地忍受痛苦。

狗遭受多次挫折之后产生的无能为力感，在心理学上被称为"习得性无助感"（learned helplessness），它描述的是动物（包括人在内）在多次受到挫折以后，表现出来的绝望和放弃的态度，它有几个明显的形成过程：频繁体验挫折——产生消极认识——产生无助感。狗就是在这样连锁的过程中，逐渐丢失了与命运抗争的心理能量。

心理学研究表明，"习得性无助感"不但会发生在动物身上，在人身上也同样会发生。塞里格曼后来用大学生作为被试进行了一个类似的实验。他将大学生分成两组。安排其中的一组学生经历一次无法控制的噪声体验；而另一组学生没有这种体验。然后在第二次面对同样情形时，观察两组学生的反应。结果发现，第一组学生比第二组学生更难学会逃离噪声。可见，案例故事中的王聪也感染了"习得性无助"的心理，无论他多么努力，都得不到成功的喜悦，久而久之，便甘于忍受痛苦，不再拼搏奋斗了！

在现实生活中，这种"习得性无助"的诱因相当普遍。从生到死，人们在漫长的岁月中会遭遇到各种不同的失败与挫折，甚至不幸，而这些境遇都可能导致习得性无助感的出现。

- 先天性疾病
- 学习成绩差
- 人际关系不良
- 升学考试失败
- 失恋
- 身患不治之症……

每每遇到这些事情，我们的内心便会出现焦躁、抑郁、悲观、失望等复杂混乱的情绪认识，如"我一无是处""我没有希望了""没人能救我了，我快完蛋了""我就破罐子破摔了""我听天由命"……而这些想法的直接后果，不但没有改善现有的不利处境，反而会使境遇越来越糟，无法自拔。这种通过后天学习而获得的认识和心情对我们来说，简直就是一剂心灵毒药、一株心灵毒草，在侵蚀着我们原本健康的心灵！

狗鱼综合征

北美有一种鱼，叫做"狗鱼"，以吃小鱼为生。有一天，一条狗鱼被放置在一个用玻璃隔开的鱼缸中，鱼缸的另一半里养着一些小鱼，可望而不可及。这条饥饿的狗鱼进行了无数次尝试，但结果总是撞到玻璃上，痛苦不堪。于是它似乎明白了，自己无论如何也够不到那些小鱼。后来，玻璃隔板被拿掉了，但是狗鱼不再去袭击小鱼了。

狗鱼通过一次又一次的失败，形成了一定的认识和体验，并认为不可改变，这种认识和体验被称为"狗鱼综合征"，它具体表现为：

（1）无视真实差别的存在，笃信经验，盲目地信从先前的所见所闻，不再积极观察、探索时今的变化；

（2）自以为无所不知，充分了解了情境中的一切元素，不愿以发展和变化的眼光去分析问题；

（3）倾向于墨守成规，认为规则是铁定的，无人能改变的；

（4）拒绝考虑其他可能性，缺乏在压力下采取积极行动的能力。

在你身上和你认识的人当中，是否有人表现出狗鱼综合征？

当然，出现这些表现也属于一种常态。当我们经历如此多的挫败后，一般都很难保持一种积极乐观的心态。然而，这种消极、悲观、绝望的心态并不是必然会产生的，这种症状犹如一条精神的锁链，严重束缚住了我们的思想！

人的一生有苦有甜，苦中带甜，我们不可能奢望自己的人生一帆风顺、事事如意、心想事成。如果挫折与苦难是我们躲不过的，那么如何去面对，如何让我们在其中受伤最小，甚至化痛楚为力量，越挫越勇，这是每一个人需要成长的关键！

跳出无助的怪圈

无论是"习得性无助感"还是"狗鱼综合征"，它们都是由于遭受了连续的打击、失败与挫折，引发了消极的情绪体验，滋生出了错误的信念，而且随着后续的失败，不断强化了这种体验和信念。因此，我们必须从两个方面斩断这种恶性循环的精神锁链和怪圈：转变思维方式，不断体验成功。

✦ 转变思维方式

当我们遭受挫折、失败和打击后，一时的痛心是难免的。但是，我们要学会正确地面对挫折，积极地看待挫折。大家知道"屡战屡败"和"屡败屡战"的故事吧，只因字序的不同，屡败屡战就将原本狼狈的败军之将变为百折不挠的英雄。我们不关心这个故事表达什么样的寓意，而是探讨为什么"屡战屡败"会传达给人失败和痛苦的感觉，而"屡败屡战"则会带给人希望呢？怎样才能让学生"屡败屡战"呢？这就涉及对失败与挫折的归因问题，当我们遇到挫折时，我们要认识到，不是因为自己的能力不行，而是自己努力不够或者方法不当，这些都是自己能够控制的，这样就不会产生无助感了。

我们还要学会如何将很多摧毁性的体验和不健康的信念，分解、转化成一些暂时性的负面情绪。例如，我们将下面四种消极信念转变为四种积极的信念。

	积极或消极信念	认识	情绪体验
−	刻板的命令	我必须考全班第一。 我必须让所有人都喜欢我。 我每天必须至少背10个单词。	焦躁、罪恶感、自卑感
+	充分的选择	我希望可以考全班第一。 我希望被人喜欢。 如果我每天能背诵10个单词，我会很开心。	遗憾、犯错感、懊悔
−	惊呼的信念	我的英语学不好了，我没救了。 谁都不理我了，我一无是处。	抑郁、悲观
+	非惊呼的信念	现在我的英语还不够好，又没有人理解我，我很苦恼，但这并不代表：我什么都学不好，我以后不会好！虽然现在没有以前那么多好朋友，我很伤心，但是它并不代表我没有朋友、以后也不会有朋友。	郁闷、伤心、失望
−	低挫折忍受的信念	我的英语成绩怎么能这么差？！ 我无法容忍我还有这么差的一门课！我完蛋了，不再是好学生了！	绝望、羞耻
+	高挫折忍受的信念	英语成绩差，令我好挫败，我很伤心。但如果下次仍然失败，我可以忍受它，只不过现在我对此还不太相信，我更相信我忍受不了，但我知道不能忍受是不健康的，对我的发展是不利的！	失望、尴尬

−	贬低的信念	我连这么简单的英语句子都搞不懂，我还能干什么？我简直一无是处。	自卑、绝望、无能
+	接受的信念	虽然我的英语很差，但我的数学还是很好的，只要我学是可以赶上其他同学的，可见我并不是什么都学不好的！	失望、郁闷

转念之间，我们就能够疏散不良的、不健康的晦气，能够迅速调整心态，重整旗鼓，从头再来。

✦ 明确成功标尺

连续的成功体验可以帮助我们跳出无助的怪圈。然而成功的标尺又是什么呢？来看看王聪，他在英语学习方面是"彻底的无助"了。他认为他已经努力了（如放弃写数学作业），但你觉得他界定的成功标尺是什么呢？

———————————————————————————

没错，他认为"老师的赞扬"是他成功的标志。他将成功的标尺界定于一个不可控的因素上，一个由他人（老师）掌管的事件上。这样的标尺本身便很"无助"、"无掌控感"，不是吗？很多人之所以产生无助感、没有成功感，很大原因在于他们对"成功"完全没有概念、缺乏标准，而盲目地将成功定义为他人的"掌声"、"喝彩"！

想一个令你习得性无助的科目（或其他项目），写下你心中界定的成功的标尺！

令我感到习得性无助；

我心目中的成功标尺：———————————————————

———————————————————————————

当你界定好自己的成功标尺，也许你会发现，其实你一直在成功、不断在成功，只是他人未发现，你自己未觉察！如王聪若将成功的标尺界定为"背下来这段对话"，那么其已然成功，而且是大获全胜！因为他可以在老师、在同学面前背诵出这段对话，这就是成功，而老师的赞扬与否根本不重要，不是吗？

另外，有很多同学严于律己，不满足于小小的成功，认为自己一定要"没有最好，只有更好"！这种想法值得肯定，它标示着你是个积极进取的、有发展的学生。由此，这些学生的成功标尺往往定得很高，尽想一口吃个胖子，而这就不值得赞赏了。值得注意的是，**一个积极的成功标尺**是分不同等级的。对于本来就有畏难情绪的学科，要学会分解目标、细化成功标尺。

王聪成功标尺层次表

第一层：每天背两个单词

第二层：熟悉、理解课上所使用的单词、语句

第三层：背诵课上所学单词

第四层：背诵课上所学对话

第五层：课上勇于举手发言

第六层：流利地与同学进行对话

第七层：每天背诵十个单词

第八层：完全跟上老师的进度

第九层：超越课堂的进度、凭兴趣自学、乐在其中

……

对自己严格却不苛刻；对目标高标准却不失小步子成功后的喜悦……这就是连续成功体验的有效途径，也是帮助我们跳出无助怪圈的制胜妙诀！

转变思维模式、明确成功标尺，让我们对"无助"有免疫力！

第五课 不为做给别人看

　　王阳是初二年级某班的一名落后生。不管他做什么，他都无法获得好成绩。后来，他常常设法耍一些小聪明。有一次课上，老师让大家阅读一篇文章，然后回答12道问题。老师在课堂巡视时，王阳向老师问了几个简单的问题，以便给老师留下这样一个印象：他在尽力自己回答问题。实际上，他从邻座同学那里抄袭了其他答案，并没有进行相关的阅读和理解。有时，他故意忘了带作业。又有一天，老师让学生拿出昨天的作业。他装着到处寻找自己的作业，其实他自己知道、老师知道、其他同学也可能知道他并没有完成作业。如果老师要他准备明天的数学考试，他可能公开地忙于帮助其他同学做一些不是十分重要的事情，诸如削铅笔之类。结果，他在学习上毫无进步，不可避免地一次又一次失败。

　　王阳的小聪明可能耍得太明显了，但类似的现象在你身边是否发生过？请你想一想，你身边的"王阳"们有些什么特点，他们为什么要这么做呢？

是为了掌握，还是为了表现

　　由于连续的失败，王阳知道自己无论怎么努力都不可能获得好成绩。但他又很爱面子，认为能力是面子的根基，他生怕老师和同学瞧不起自己，笑话自己能力低下。于是，把心思花在如何保护面子和自尊上。他制定了表现方面的目标，学习全是为了做给老师、同学看，他为此采取了典型的避免失败的策略，故意去帮助别人，从而为自己的失败预设种种借口，即使失败了也不会被人笑话自己能力低。说穿了，这是一种典型的掩耳盗铃的伎俩，捏着鼻子哄自己呢!

我们的症状可能没有王阳那么重，但我们有时是不是也在做给别人看，以此证明自己有能力呢，尽管我们自己可能还没有意识到! 心理学家们对这种学习意图洞若观火。经过调查研究，他们将我们的学习意图分为两种：一种是掌握目标取向，持有这种目标的人倾向于认为能力是通过努力而不断增长的，学习就是为了掌握目前的内容、完成目前的任务，使自己得到切实的锻炼，从而提高自己的能力。另一种是表现目标，持有这种目标的人倾向于认为能力是天生的、固定不变的，学习就是为了表现自己有能力，证明自己的能力，从而得到别人的承认。

这两种目标取向对学习的价值、关注的焦点、任务的选择以及对错误的态度都是存在一定差异的。

维　度	掌握目标	表现目标
成功的含义	进步，提高	得高分、有好的表现、他人赞赏
看重的方面	我努力了、我进步了	我比别人强，总是第一
关注的焦点	我收获了、即使没有考好也不重要	没有考好，学再多有什么用
满足的原因	我进步了，迎接了挑战	我考试排在他前面了、老师表扬我了
对错误的看法	错误不可避免、是学习的一部分	犯错意味着无能，因此焦虑、懊恼
努力的原因	我喜欢学习新东西、充实自己	考高分、得大奖、我要比他们都强
任务选择	难度适中的	要么非常容易，要么非常的难
学习策略	理解、灵活应用	机械套用，应付考试
老师的作用	帮助自己学习，是资源和向导	是给予奖、惩的法官
控制感	好多事情我是有办法控制的	好多事情我根本无法控制

请好好想一想，我们平时在这些方面是怎么想的呢？我们可能属于哪一种目标取向呢？

走好自己的路，让别人说去吧

有的同学可能说，我怎么两方面兼而有之啊！或者，我有时是掌握取向，有时又是表现取向。没错，在我们的实际生活中，我们在这两方面并不是非此即彼的。我们可能两方面都有，只是各自存在的高低程度不同罢了。这样，两两组合形成四种典型的组合状态。

✦ 高掌握—低表现

这类同学拥有无穷的好奇心和高度的学习兴趣，对知识如痴如醉。他们学习时根本不计考试的成败、不考虑后果的好坏，一心想着如何将事情搞懂搞通、将问题解决出来或者掌握某种技能。学习本身就足以让他们感到无限的快乐，不需要外来的奖励，也不会为外来奖赏而动心。学习成了他们生命存在的一种方式。在实际生活中，这种同学并不多见。

震惊中外的数学圣人，攻克了"哥德巴赫猜想"这一世界数学之谜的伟大的数学家陈景润，从小便对数学情有独钟，成为学校里的"小数学迷"。初中时，有幸听得一位数学老师讲"哥德巴赫猜想"的由来，尤其令他着迷的是，这一"猜想"已经历时200多年，成为一道世界级的数学难题，至此，对"哥德巴赫猜想"之谜的破译，在陈景润小小的心灵中埋下了种子，并逐渐生根发芽。极大的难度并没有打垮陈景润探索奥秘的决心。相反，更加激发了他求知的欲望，他利用一切可以利用的时间系统地阅读了我国著名数学家华罗庚有关数学的专著。为了能直接阅读外国资料掌握最新信息，在继续学习英语的同时，他又攻读了俄语、德语、法语、日语、意大利语和西班牙语。学习这些国家的语言对一个数学家来说已是一个惊人突破了，但对陈景润来说这只是万里长征迈出的第一步。为了使自己梦想成真，陈景润不论严寒酷暑，废寝忘食，潜心钻研，足足演算了几麻袋的草纸。经过了十几年的推算，陈景润终于在1965年5月，发表了论文《大偶数表示一个素数及一个不超过两个素数的乘积之和》。

✦ 高掌握—高表现

这类同学通常是老师非常喜欢的孩子，他们学习努力、聪明能干，而且似乎比同龄人成熟一些。对于大部分没有挑战性的作业和功课，他们会自己提出更高的要求和目标，以赢得老师额外的奖励。但是，他们在内心中充满紧张、冲突等精神困扰。一方面他们为了成功掌握，要做出额外的努力；另一方面，他们为了表现自己，又要设法掩饰自己的努力。努力在他们心目中成了一把双刃剑。一方面刻苦努力会得到老师的嘉奖；另一方面，做出刻苦努力的评价又是他们十分忌讳的，因为那隐藏的潜台词可能是"笨鸟先飞"。他们想尽可能证明自己的能力——可以不费吹灰之力依然遥遥领先。所以，他们往往采取一种减少羞愧感的策略：努力，至少看起来在努力，但是不那么积极主动、更不是刻苦和勤奋。他们甚至在同学面前尽量表现得贪玩、不在乎考试，但私下里却偷偷努力、拼命学习。这样，成功时，他们的成绩更有价值，更能说明他们的能力过人；即使失败，也可以为自己的失利找到很好的理由，不会被认为无能。

✦ 低掌握—低表现

这类同学他们低估自己，不奢望成功，自甘失败，因此对失败也不感到丝毫恐惧或者羞愧。他们不接受任何有关能力的挑战，也不喜欢展示自己，对成就表现得漠不关心。他们心如一潭死水，鲜有冲突。实际上，这种不关心意味着一种放弃，是害怕暴露自己的缺点，也就防止了别人说自己无能。

✦ 低掌握—高表现

这类同学特别注重他人的评价而非自评，展示是为了得到赞赏，而不是成功的主观感受。他们不喜欢学习，虽然他们不一定存在学习问题或学习困难，他们只是对课程提不起兴趣。他们看起来懒散、不爱学习的背后隐藏着他们对失败的强烈恐惧，尤其是面对没有把握成功的任务时，这种恐惧甚至让他们必须采用逃避的手段，尽量回避被他人评价或者被他人忽视所带来的消极体验。这种自我防御更多体现在心理层面，比如幻想（我希望考试取消）、尽量缩小该任务的重要性（这门课根本不重要，学好学坏无所谓）、为自己的失败找借口（我昨天晚上失眠，所以考试发挥失利）、对别人吹毛求疵以减低自己所要承担的责任（如果我有一个好老师，我会学得更好），从而减轻自己失败后的消极体验。他们怀疑自己的能力，害怕被指责为没有能力的人，感受着高度的焦虑和紧张。对能力的怀疑影响了考试时的临场发挥，干扰了对先前学习内容的回忆。

睁开你的慧眼吧

小东每次考试前，都幻想着：如果考试能取消就好了。

小南平时表现得很贪玩儿、不在乎考试，可私下里却偷偷地努力，拼命学习。

小天在班级总是非常沉默，从来不参加同学间的游戏和比赛，同学找他玩儿，他总会说："我不会玩儿，我玩儿不好！"

小北是个有完美主义倾向的人，在初学计算机时，因害怕犯错误而限制自己使用计算机。

小地酷爱历史，整天将自己埋在史料文献、书籍之中，乐在其中，有时甚至废寝忘食。

小西每次考试结果都很差，但每次考试前，却又不好好复习，而是去打游戏机、看电视、和朋友打球……

这些同学各自属于哪种类型呢？

①高掌握—低表现者：_____

②高掌握—高表现者：_____

③低掌握—低表现者：_____

④低掌握—高表现者：_____

答案：①小地；②小南；③小天、小西；④小东、小北。

你有过这些表现吗？你属于什么类型：

当然，如果你不喜欢自己现有的目标取向类型，你完全可以改变它，不过需要一些毅力、勇气，还有时间。如平时做事时，对自己适时地提醒："我学习是为了充实自己、为了今后更好的生活，而不是讨父母欢心、得到老师表扬……"良好的自我引导，可以逐渐地重塑自己的目标类型。

定位属于自己的目标，并不遗余力地去实现它，不管他人的是非评价，这便是通向成功的朴实无华的最基本途径！

第三单元 自我奖励

> 请留意你的行为，因为行为能变成习惯！
>
> 请留意你的习惯，因为习惯能成为性格！
>
> 请留意你的性格，因为性格能决定你的命运！

人生来虽有高矮胖瘦、黑白美丑之分，但人的命运和成败是在后天的行为中一点一点塑造的。谁也不是生来就那么优秀，古希腊哲学家亚里士多德曾说，优秀也是一种习惯。习惯正是通过你的一言一行而形成的，而决定那些行为发生的人正是我们自己。

如果说人生像是一辆奔跑在路上的汽车，那么我们时而需要踩足油门，让发动机给自己加速；时而则需借助刹车和方向盘进行控制，以避免超速或迷失方向，在疲倦与困顿时还要学会为自己打气、提神。只有这样，我们才能顺利而通畅地驶向目的地。

人生最大的财富和最大的敌人都是你自己，遇到疲倦与懒惰，你能否做到有张有弛，自主沉浮？遇到困难与迷惑，你能否用生活中的哲理或某些明智的思想与行为来安慰自己，鼓励自己同痛苦和逆境进行斗争？当遇到玩耍、娱乐、游戏、美食等诱惑时，你是否还能静下心来勤奋苦学？

为了将来的优秀与成功，从现在起，我们要习惯性地学会自我奖励、延迟满足，学会面对各种诱惑的时候能自我克制，从而踏踏实实地完成学习任务。

本单元将为你介绍一些自我奖励与控制的方法，包括延迟满足（第一课为了明天更美好）、自我奖励（第二课 给自己颁奖）、养成良好学习习惯（第三课 习惯成自然）与避免网络成瘾（第四课 我的网络我做主），帮助你在人生的道路上一路畅通！

第一课　为了明天更美好

　　张宏与刘方是同班同学。周五放学时，老师留了很多作业，包括十道数学题、背一课英语单词、写一篇读书日记。周六上午，张宏起床后便开始写作业，刚把数学题做完，他的好朋友李京打来电话，说他刚买了一款最新的电子游戏软件，叫他赶紧过来一块儿玩儿。张宏犹豫了一下，想到还有那么多作业，至少要到下午才能写完，于是回绝了李京，告诉李京等下周有时间再一起玩儿。然后，继续学习去了。

　　刘方周六也在家里写作业，刚背了几个英语单词，忽然想起今天电视台有"名侦探柯南"，上集的那个案子待续，今天就能水落石出了，于是，他再也背不进去了把英语书往旁边一扔，赶紧打开电视，尽管妈妈在一旁督促，他还是看完了一集动画片。下午，总算把数学作业写完了，这时姑姑来做客，送给他几张嘉年华的代金券。刘方高兴坏了，非让妈妈立即就带他去，作业又被丢到了脑后……

想一想张宏和刘方的做法是否正确，如果你遇到这种情况该怎么办？

外面的世界很精彩

　　作为学生，每天的学习任务是我们生活的主旋律，听课、记笔记、写作业、复习功课、考试，为了获得好成绩，我们必须按照预定的计划一件一件地完成它们。但是，外面的世界实在太精彩了。好看的电视连续剧、刺激的电子游戏、和同学去听周杰伦的演唱会、与同伴痛快地踢一场足球赛……生活真的太丰富多彩了，有那么多好玩儿的事情吸引着我们。当一件对你来说特别具有吸引力的事情在向你招手时，你是不是觉得心里痒痒的，恨不得丢下书本，痛快地享受一番呢？

　　可是，一大堆的功课还摆在眼前，你能静下心来，等把该做的事情都完成了再去玩儿吗？有的时候，头脑中就像有两个小人打架一样，一个说："快去和同学打篮球吧，穿上新买的篮球鞋，一定能投得很准！还能抢到好几个篮板球！"另一个却说："不行！作业还没完成、明天要穿的校服还没有洗，改天再去打篮球吧！"这个时候，你是不是觉得强忍住打球的欲望而要静下心来做不得不做的事情，会感到有些烦躁和郁闷呢？

　　回想一下，你以前是否也有过这样的经历？哪些电影、电视、游戏、好吃的、聚会让你无法抗拒地放下一切，迫不及待地享受其中的快乐？

延迟满足——迟到的美丽

有一位心理学家做过这样一个非常有名的实验：

实验者发给4岁被试儿童每人一颗好吃的软糖，同时告诉孩子们：如果马上吃，只能吃一颗；如果等20分钟后再吃，就能吃到两颗。有的孩子迫不及待，把糖马上吃掉了；而另一些孩子则能够忍住暂时的欲望，有的孩子闭上眼睛或头枕双臂做睡觉状，也有的孩子用自言自语或唱歌来转移注意消磨时光，以此来克制自己的欲望，从而获得了更丰厚的报酬。

研究人员进行了跟踪观察，发现那些以坚韧的毅力获得两颗软糖的孩子，长到上中学时表现出较强的适应性、自信心和独立自主精神；而那些经不住软糖诱惑的孩子则往往屈服于压力而逃避挑战。在后来几十年的跟踪观察中，也证明那些有耐心等待吃两块糖果的孩子，在事业上更容易获得成功。

这个实验告诉我们，延迟满足能够考验一个人对各种欲望和诱惑的控制能力，也能够考验一个人对不良习惯的抵御能力，而这些都决定了一个人将来的发展与成就。延迟满足，是一个人成熟的表现，表现出一个人是否具有远见，具体来说，这是专指一种甘愿为更有价值的长远结果而放弃即时满足的抉择取向，以及在等待期中展示出来的自制能力。我们只有耐得住性子，不被暂时的欲望所诱惑，才能培养出坚强的意志品质，受益终生。正如一位心理学家所说，具有成功智力的人能够很好地控制自己的冲动，知道什么时候坚持，什么时候放弃，能很好地为了更加长远的重大利益，而放弃眼前的小利益。

越是能够约束自己的不良习惯或是控制自己的欲望，越有利于培养自己的意志力和耐心。有些同学还没有达成预定的学习目标，就先对自己进行自我奖励，再去完成学习任务；有些同学单纯为了奖励而设定非常容易的学习目标；甚至有些同学完成不了学习任务，仍然给自己奖励。这些都是意志力薄弱、自我控制能力不强的表现。

刘翔的故事

2004年雅典奥运会让我们认识了中国第一位110米栏的世界冠军——刘翔。一夜之间，他成为风靡全国的青春偶像，多少鲜花、掌声、赞誉汹涌而来，这不仅是他个人的荣誉，也使整个中华民族为之骄傲。要知道，田径项目上一直以来都是欧美选手的天下，而刘翔打破了这一惯例，成为中国乃至亚洲的奇迹。

赛场上虽然只有短短的几秒钟，那背后却是多年的寂寞与枯燥的训练。同样处在青春年少时代，我们能够拥有丰富的课余生活，能够经常与好朋友一起玩耍、嬉戏，而此时的刘翔却是与田径场和那一米多高的跨栏朝夕相处。在合家团圆的春节之际，刘翔只在父母家待到了9点多，然后又回到了基地，准备第二天的训练。大过年的，谁不想和亲朋好友聚在一起，吃着年夜饭，看看电视，聊聊天，打打牌，可是刘翔一天也没有耽搁，仍然保持着正常的训练强度，正是这种能够克制住一切诱惑的意志力，使他把全部的时间都投入到训练场上，才能够一次次取得骄人的战绩。

其实，刘翔只是众多为祖国争得荣誉的运动员之一，哪一个优秀的运动员不曾经历过刻苦的训练，而支撑这一切的就是延迟满足的精神。他们的回报是丰厚的。他们经过努力奋斗而实现了最终的目标，获得了最后的成功，体验到了人生最大的快乐。他们也是肉身凡胎，我们完全可以想象，在这声色世界里，面对着各种"糖果"的甜蜜诱惑，他们也曾有过心动，但他们抑制住了。这些牺牲是值得的，因为他们最终得到了更多更好的"糖果"，虽然这种收获是延迟了的。

因此，学会克制、学会延迟满足将对你一生有益。正所谓，谁笑到最后，谁才笑得最好！

抵制各色"糖果"的诱惑

也许你会说，能够克制自己的欲望的确需要很强的意志力，我总是很难管住自己！即使强忍住不去玩，可是也无法静下心来完成当前的任务。其实，要做到延迟满足也并非想象中的那么痛苦不堪，抵制诱惑也有不少妙招，总有一种适合你！

✦ 忍一时风平浪静——静心大法

武侠小说中的高僧，要想练就更加出神入化的武功，都要静心研读秘籍，放弃一切杂念，闭关修炼，才能成为呼风唤雨的风云人物。也许你会认为，这些都是瞎编的，现实生活中没有这样的事情。那么，就看看身边的事吧！相信小的时候你一定玩过木头人的游戏。"我们都是木头人，不许说话不许笑，更不许露出大门牙，看谁的意志最坚定！"要保证不在游戏中被淘汰，我们必须强忍住各种表情，身体要纹丝不动，即使身上有痒痒的地方，也不能挠一下，能坚持到最后而一动不动的人，就是游戏的胜利者。回想你在玩这个游戏时的感受，越是想不动，可身体好像越不听使唤，这时不妨想想别的事情，心中默念几首自己最喜欢的古诗，或者想一想最喜欢乐曲的旋律，时间就会不知不觉地流逝。

这就像在延迟满足实验中，那些闭上眼睛或做一些其他可以转移注意力的事情的孩子，他们让自己不再想面前的糖果，所以能够坚持到最后。如果你在生活中遇到这样的情况，不妨转念一想，把注意力集中到别的事物上，特别是和学习有关的事情上，再运用一些调整情绪的小方法，如闭上眼睛深呼吸，做做眼保健操或者眺望一下远方，然后回想一下今天的学习中遇到了哪些难题，如何才能提高写作业的效率，如何分配各科功课的复习时间。通过这种注意转移的方法一定能让自己变得平心静气，把各种吃喝玩乐抛到脑后，踏踏实实地把该做的事情做好。

✦ 退一步海阔天空——学会放弃

你是否有过这样的经历，在商场里看到一件自己十分喜欢的衣服或物品，可是由于资金有限或者家长的阻止，你无法立即买下来。时隔数日，当你再次看到这个物品时，当时那种渴望拥有、觉得非他莫属的感觉已经荡然无存了。其实，一个人产生的某种欲望总是受到此情此景的影响，也许那时你觉得自己的球鞋旧了，特别想换一双新的，也许你发现很多同学都在用一个牌子的文具，而自己没有，所以你会特别想拥有类似的物品。

欲望的产生有时候并不是因为真正的需求，而是因为你无法得到才觉得它对你产生了更强的诱惑。比如，你看到一件漂亮的牛仔服，觉得穿起来一定非常时尚，可是这时售货员告诉你，没有适合你的尺码，你一定会觉得很失望，即使看到再漂亮的衣服，也觉得不如刚才那件牛仔服。想一想，你是不是越到了考试的时候，越想做一些无关的事情呢？比如特别想和同学聊天，特别想看一本小说。可一旦考试结束，你可能早已忘记了当时想做的这些事情。

因此，放弃一个对你来说特别有诱惑力的事情并不一定是损失，当时过境迁，你对它的渴望与追求早已淡化和忘却，或许你已经有了新的发现、新的目标。当你再次遇到曾经让你心仪的物品时，也许你会感叹当时的自己怎么会想拥有它；也许你会庆幸，"还好当时没有买，我现在已经有更喜欢的款式了！"所以，我们要学会放弃，我们应该学会放弃！只有学会权衡、学会放弃才会让你懂得珍惜，有更少的后悔、更多的收获！

✦ 糖果变苦药——诱惑贬值

陈玲的妙招

陈玲是一名初中二年级的学生，在别人眼里，她的学习成绩很好，也很用功，而且学习效率特别高，即使有再好玩儿的事情，只要她还没有完成当前的任务，她一定不会放弃，因此总能按照预定的计划完成一切，大家都特别佩服她。

今天，班里组织了一次"学习经验大家谈"的活动，同学们都希望陈玲能介绍一下，她是怎样克制住娱乐的念头，而按时完成各种功课的。陈玲笑着说："其实，我也很爱玩儿，当有好看的电视或好玩儿的游戏时，也曾想过过一会儿再做功课，但是，这个时候我会对自己说，那个电视的结局我已经差不多知道了，改天可以在网上看；那个游戏我已经打通关了，玩儿了也没意思！况且，没写完作业就玩儿，一定不会痛快。就这样，本来特别吸引我的事情，仿佛一下子就变得不再那么有趣了，我就会先把当前的功课做完，再想玩儿的事情！"

其实，我们每个人都是肉体凡胎，都有七情六欲，特别是处于活泼好动的青少年时期，电视、电影、音乐、偶像、网络、朋友……都是我们生活中不可缺少的元素，一切新奇有趣的事物随时都会向我们招手，这就是那诱人的糖果，让我们迫不及待地渴望品尝。那些能够克制住自己的人并不是不喜欢玩耍、不喜欢享受，但是，像陈玲那样用一些巧妙的方法，适当地把这些诱惑"贬值"，学一学吃不到葡萄的狐狸，把"糖果"看作难以下咽的苦药，让欲望与渴求降降温，这也不失为一种十分奏效的方法，让我们这些凡夫俗子也能得道成仙。

✦ 勿以事小而不为——从点滴做起

你一定会说，平时贪玩儿、懒惰一点儿没关系，等到关键时刻，我一定能够延迟满足，等遇到大事，我再克制自己。其实，延迟满足最开始是一点一滴的行为，逐渐会成为一个人的习惯，最终将成为我们意志品质中永恒的特征。

前面提到的糖果试验，只是反映了人在童年时期的一个小小行为，但随着人的成长，这种小小的行为却慢慢演变为人在方方面面能力上的一部分。人在一生中，许多大大小小的成就，甚至包括减肥、坚持跑步等等，都取决于抑制冲动的能力。有些孩子早在4岁时就深谙这一道理，能够根据情况做出判断：抑制冲动才是最有利的。

下表是生活中各种各样的小事，你能在哪些事件上做到延迟满足？哪些又做不到呢？想一想，还有哪些小的事情能反映出一个人的自我抑制能力？

事件	立即满足	延迟满足
起床	没睡够，再多睡一会儿吧，被窝好暖和呀！	要赶紧起床，洗了脸就不困了，上学一定不能迟到！
吃饭	好想吃麦当劳，正好身上有零花钱，不吃学校食堂的饭了。	虽然很想吃麦当劳，可是学校食堂提供了营养套餐，还是在学校吃吧，对身体好。
听课	老师讲得很沉闷，真想睡觉，打一会儿瞌睡吧！	这道题没想明白，要仔细听老师后面的分析。
写作业	先打一会儿游戏，昨天还没打过第五关，晚上再写作业。	今天作业比较多，就不打游戏了，周末再玩儿。
睡觉	虽然已经10点多了，可好看的电视还没完，再看一会儿吧。	已经10点多了，应该关电视睡觉，否则明天起不来。
……	……	……

✦ 自我奖励——收获更多"糖果"

延迟满足不是没有满足，而是让满足来得晚一点儿。你可以采用自我奖励和自我强化的方式。比如，"如果我能在8点以前写完作业，就可以看一个小时的电视。""如果我能把今天的课文背下来，就可以上一会儿网。"这也就是我们常说的"先苦后甜"，给后面的享受定一个条件，只有这个条件达成了，才可以获得后续的满足。在这样的心情下，你会觉得现在的付出是值得的，只有这样才能得到更多的"糖果"，而且，得到的糖果会更加的甜美。

当然，你可以随意选择自己喜欢的奖励方式，这种奖励对你来说应该是比较有诱惑力的，才能驱动着你完成当前的任务。久而久之，你会发现，延迟满足所带来的收获不再意味着看了什么电视，上了多久的网，听了怎样动听的歌曲……而是一种精神上的收获，一种对自己的约束能力，一种对自我的控制，使我们能随心所欲地驾驭各种安排，能够不再拖沓，成为时间的主人。

第二课　给自己颁奖

哈哈，终于把作业全部做完了。连附加题目也做出来了，我真棒！
好，这下可以痛痛快快地踢场球了！
噢，Yeah！踢球去喽！

　　你是否有过这位"足球小子"的类似经历呢？"把作业全部做完"是他的基本目标，并且"连附加题目也做出来了"他又超额完成了目标。此时，他就可以"痛痛快快地踢一场球"这就是他对自己达成目标的一种奖励。请你想一想，这个"足球小子"踢球会不会踢得很开心呢？踢了这场球，这对下一次作业的完成有什么帮助呢？

给自己颁奖

　　在学习与生活中，当我们达到自己所设定的目标时，我们需要自我奖赏一番，肯定自己的努力和成绩，适当放松放松自己。例如，当我们完成一项作业后，我们喝杯饮料或者站起来走走。当我们完成一篇作文后，看看电视。这在心理学上被称为自我强化。在自我强化过程中，我们自己设置目标、制订计划、确立标准、实施奖励。

请看下面这个心理学实验，想一想，你从中可以获得什么启示呢？

有位心理学家曾经做过一个实验，让一组儿童在活动中事先给自己确定一个目标，并在每次达到这个自定的目标时，便进行自我奖赏，奖赏的方式根据试验条件由儿童自己选择；另一组儿童则由别人给予奖励。实验结果表明，这些能够为自己制定奋斗目标并能够自我奖赏的儿童，与由别人给予奖赏组的儿童具有同样（甚至更好）的学习成绩，但更具有主动性、更善于自我调整、自我管理。

这个实验告诉我们，在学习中，我们要善于根据自己的实际情况设定学习目标，达到学习目标后进行自我强化，给予自己适当的奖励。这不仅让我们长期保持强烈的学习欲望与动机，同时也有利于我们的自我管理习惯的培养，逐步建立对学习本身的兴趣，提高学习成绩，真正成为自己学习的主人！

怎么样？想不到给自己的奖励居然有这么大的益处吧！你可能会想，这有何难，谁不会奖励自己呢？这不是无师自通吗？但你知道用什么作为奖励，怎样进行奖励，才能得到最好的效果吗？

祖母的法则

心理学家普雷马克曾经做过这样一个实验。他让孩子们从两种活动中选择一种：一是玩弹球游戏机，二是吃糖果。当然，一些孩子选择了前者，一些孩子选择了后者。更为有趣的是，对于更喜欢吃糖果的孩子，若将吃糖果作为奖励，便可以增加其玩弹球游戏机的频率；相反，对于更喜欢玩弹球游戏机的孩子，若以玩弹球游戏机作为奖励，可提高其吃糖果的量。

这个实验告诉我们，我们可以用一个比较喜欢的活动来强化他参加不太喜欢的活动。这一条原则被称为"普雷马克原理"。其实，我们在生活中也常常运用这条原理。例如，一位孩子喜欢吃肉，不爱吃青菜，他的祖母是怎么处理这个问题的呢？她可能会对孙子说："要想吃肉，首先必须吃青菜。"所以，人们又把这条原理称为"祖母的法则"。

根据这条原理，我们可以先列出自己目前的一些不合理的、需要改变的行为习惯；然后列出自己感兴趣的、渴望获得的事物或活动。如果要改变一个行为习惯，就奖励自己感兴趣的、渴望获得的事物或活动。

峰峰已经是初一的学生了，可是在许多方面还存在一些问题，例如，学习不用功，作业总是拖拖拉拉，挑食——爱吃肉不爱吃蔬菜，练小提琴不能持之以恒，作息时间不恰当等等。这些问题令他非常苦恼，但是峰峰也有自己的爱好，他喜欢玩游戏、上网、踢球、看动画片、喝饮料……于是他列出了下面的这个清单，并将它贴到写字台旁边的墙上，这样他就可以时常得到提醒。

首先完成：当天的家庭作业	然后可以：玩游戏
首先完成：打扫自己的房间	然后可以：出去踢球
首先完成：洗自己的袜子	然后可以：看动画片
首先完成：吃蔬菜	然后可以：喝饮料
首先完成：练习20分钟的小提琴	然后可以：出去玩
首先完成：早睡早起	然后可以：周末去游乐场
首先完成：期中考试取得好成绩	然后可以：买电脑
首先完成：期末考试取得好成绩	然后可以：可以上网

峰峰的表现是：第一周完成得比原来好一些，但也有完不成的情况；第二周比第一周要好……到了期末考试时，就已经做得不错了。

请你根据自己的平时表现，想一想如何运用"祖母的法则"来帮助自己完成任务，或者改正习惯。

必须做、但是不感兴趣的任务	最感兴趣、最想做的事情

自我惩罚

有成功，就会有失败；同样，有奖赏，就有惩罚。如果在执行预定学习计划的过程中，因为自己的意志力薄弱、懒惰、粗心大意、耍小聪明等等不良习惯而未能成功达成预定目标，则不但得不到奖励，还可以进行自我惩罚，警示自己尽快消除不良习惯，同时培养自我负责的态度。

小东是个初一的学生，常常因为贪玩儿而忘记做作业。为了改掉自己的毛病，小东制订了一个惩罚计划：放学回家立刻做完当天的作业，然后才能出去玩儿。如果没有做到，就惩罚自己一个星期不能看自己喜欢的电视节目，或半个月内不准吃他爱吃的麦当劳。结果，小东最初还真的惩罚了自己几次，后来，他渐渐受到了自我惩罚的警示，能够时刻提醒自己必须先完成作业。终于，小东变得不再贪玩儿了！

当然，你可能觉得自己是一个意志力薄弱的人，要对自己进行惩罚，并不是一件容易的事，你可能会给自己找借口，或者一次又一次宽恕自己。这可是对自己意志力的严峻挑战，如果你自己实在下不了手，可以请父母、同学或者朋友当自己的"宪兵"，首先向他们说明自己的计划和赏罚标准，然后请他们来监督自己，逐渐再过渡到自我惩罚。

小明制订了一个一周的行为矫正计划，让自己在这一个星期内每天读一个小时的英语课文，以提高自己的英语口语能力。但是在执行计划的过程中，由于意志力薄弱，他每次都是读了几分钟或十几分钟，就跑去做别的事情，如聊天、打网络游戏甚至看上了电视连续剧。这样在一周后的总结时，小明发现自己这个星期总共的读英语时间不超过一个小时。这时，他想进行自我惩罚，让自己半个月内不准打网络游戏、两个星期不准看电视连续剧。但又怕自己熬不住，干脆，他请父母将电脑和电视暂时没收，让他看不见。以后，读英语再想偷懒或溜号时，小明就会想起当初给自己的惩罚，于是咬咬牙，坚持完成了读英语计划。

自我矫正

李文涛是红旗中学初一（3）班的学生，功课上让他最发愁的就是英语：一到英语课，他总是提不起精神、睡觉、逃课；课上极少发言，听课总溜号；偶尔被老师点名发言，也支支吾吾说不清楚；英语作业也很少能够按时完成；每次考试最落分的科目都是英语……这种难受的感觉持续了很久，最近他学到了自我奖励的方法，于是想对自己的英语学习行为进行矫正。

如果让你提出一些建议，你的建议是什么呢？

李文涛的矫正计划：

➤ **步骤一：制定总体目标**

你的建议：

文涛通过咨询老师、同学，制定了如下的学习总体目标（长期目标）：

总体目标：用一学期的时间，培养对英语的学习兴趣，提高英语学习的主动性，掌握有效的英语学习方法，提高英语学习成绩。

➤ **步骤二：分解学习目标**

你的建议：

文涛又针对自己的情况，结合总体学习目标，制定了如下的分阶段学习目标（短期目标）：

目标	时间	分目标	具体标准
目标一	3月	端正英语学习态度	上课认真听讲，不逃课
目标二	4月	培养英语学习兴趣	听英文歌；看简单英语对话的动画片；练习英语书法
目标三	5月	掌握有效的英语学习方法	课前背单词；课上积极发言，提高英语表达能力；经常背诵英语课文；适当做些课外练习题；每天听15分钟英语磁带
目标四	6~7月	提高英语成绩，提高英语运用能力	期末英语成绩提高20分，提高英语口语表达能力

➤ **步骤三：制订奖励计划**

针对以上目标，文涛又制定了相应的奖励措施。如果是因为个人懒惰、贪玩儿等原因使得目标没有达成，那么进行相应的惩罚：

目　标	自我奖励	自我惩罚
目标一	在周末打两个小时乒乓球	两周不准打乒乓球
目标二	玩儿一个小时的网络游戏	一个星期不准看娱乐节目
目标三	吃一顿麦当劳或是看场最新电影	背诵5篇英语短文，并默写
目标四	买一部mp4	假期取消旅游计划

➤ **步骤四：执行计划**

文涛制订了如下的监控计划：

（1）定期根据目标达成标准，考查自己最近一个阶段的目标完成情况；

（2）找出执行有困难、效率低的地方，进行自我反省。如果是自身懒惰等原因，则进行自我惩罚；若是任务难度、时间限制等原因，则进行适当调整。

（3）定期撰写学习笔记，记录个人成长日志。

看了文涛的这个矫正计划，你觉得怎么样？这个计划能否有效的帮助文涛养成爱学英语的习惯，提高英语学习成绩呢？

你的评价：

制定学习目标对于提高学习效率非常重要。文涛制定的学习目标，包括整体目标和分解目标。整体目标恰当明确，分解目标具体清晰，二者搭配，既能够时刻提醒学习者不要忘记总体目标，又能够让学习者明确近期的具体任务，有条不紊地完成计划。所以，文涛的目标制定还是具有一定的科学性的。只要配合有效的执行和适当的奖励，完成目标不是难题！

另外，制定目标要难度适中，符合自己的实际情况。难度过高，目标难以达成，容易带来挫败感和压力，造成"破罐子破摔"、"彻底放弃"的恶性循环；难度太低，又使得任务轻松完成，没有成就感，频频获得奖励，前进空间小。在上面文涛制定的学习目标中，他的目标比较符合他的实际情况，从课堂认真听讲、不逃课，到最后提高英语成绩、英语表达能力，目标难度依次提高，挑战性越来越强，有助于他发挥自己的潜力，获得成效。

最后，在制订计划时，既要做到时间安排合理，提高时间利用效率，又要注意给自己留有一定的余地，有一定的伸缩性。及时对计划进行反思，对于完成困难或受时间限制的部分，可进行适当的调整。

第三课　习惯成自然

　　张明一提到学习就觉得没劲，老师在上面讲课，他觉得自己在下面像听天书一样，他不断地感叹上学真苦，上课学不进去更烦。他不明白为什么自己在其他事情上得心应手，而在学习上如此糟糕。他每次打开书本，看到了一些重要的章节，准备用笔划下时，总发现笔不见了，东找西找，等找了半天终于把笔找到了，他才翻开书把重点全部划上横线。为了提高成绩，张明也总是埋头苦干，中间从不休息。他在课堂上则心不在焉，回家更谈不上预习了。他习惯于课后自己看书，慢慢地，他又发现时间不够用，为了抓紧时间，他既在语文课上复习英语语法，又在英语课上练习物理作业……他觉得学习实在太累，费了太多的劲，却成效不大。

　　在同学眼里，邓伟似乎是天生就能学习的人，他花在学习上的时间比别人要少，睡眠充足，在别人埋头复习的时候，他也没什么紧张感，甚至在做与学习无关的事。邓伟觉得学习很简单，没什么特别的，提前预习，上课认真听讲，及时复习……按部就班就行了，与玩儿一样简单，从不觉得累，从不觉得学习苦。

张明与邓伟对学习的感受为什么会有如此大的反差呢？他们的不同学习习惯也许可以提供答案。

被习惯主宰的人生

　　习惯是什么？它是一种重复性的、通常自己也意识不到的日常行为规律，它时刻影响着我们的生活。

我们都是机器人

请观察一下周围的人在一周时间里的行为方式，并记录下来，你一定会有惊奇的发现。你可以仔细观察这些方面：

1. 刷牙的方式：用哪一只手拿牙刷、怎么拿、牙刷是从哪一边放入嘴里、总共刷几次……

2. 洗脸的方式：怎么使用水、用毛巾擦脸的次数……

3. 梳头的方法：手怎么拿梳子、怎么移动、右边几次、左边几次……

4. 穿衣的方法：先穿哪只袖子、哪只袜子、哪只鞋？

经过一周的仔细观察，你一定会惊讶地发现这些人的动作几乎每天都是一样的，你也会觉得不可思议，因为每个人每天所做的动作竟然是一成不变的，就像是一个机器人。

如果仔细观察你的同桌，你会发现，他/她每天以相同的方式打开书包，以相同的顺序拿出书本和文具，以相同的方法摆在课桌上，书本以相同的顺序排列。再仔细观察，你还会发现他/她每次都是以相同的方式打开笔套，把笔套放在桌子某一边，然后以相同的姿势书写。甚至在毕业10年或20年后的同学聚会上，你会发现他/她的这些细节仍然如此。

我们在日常生活中似乎就是依靠一张节目单生活的"机器人"。

毫无疑问，人就是一种习惯性的动物。无论我们是否愿意，习惯总是无孔不入，渗透在我们生活的方方面面。很少有人能够意识到习惯的影响力竟如此之大。有调查表明，人们90%的日常活动源自习惯。想想看，我们大多数的日常活动只是习惯而已！我们几点钟起床、怎么洗澡、刷牙、穿衣、读报、吃早餐、驾车上班等等，一天之内上演着几百种习惯。然而，这些习惯却主宰着我们的人生，这就是习惯的力量。

习惯是一种在日常生活中逐渐形成的稳固的行为方式，它难以被我们察

觉到。它为我们的各种行动预设了一条轨迹，当我们顺着这条轨迹行事时，我们会觉得很省力，丝毫不费劲，显得非常自然。没有意外情况，我们很难不按这条轨迹前进，如果一出现意外，我们就会觉得浑身不舒服，就会焦虑和无助，如同经历了一场冒险。

习惯成自然

我们现在再回想一下张明和邓伟，为什么他们两人的学习状态是如此不同呢？因为他们的学习习惯不同。

从张明的表现来看，张明没有一个良好的学习习惯，他没有管理好学习物品，总是随手乱放，在复习时未准备好必要的工具，对时间没概念，上课放松时间，课后又埋头苦干，结果浪费了不少时间。而邓伟则不同，他上课听讲、课前准备、作业、预习、复习的习惯都非常符合学习的要求，因为这些良好的学习习惯，学习对他而言是自然而然的事情，当然也就不必花太多的气力。

我们知道习惯就是一条预先设定好的轨道，如果我们所做事情很适合这条轨道，我们就会感到很自然、轻松，有毫不费劲的感觉，日子过得逍遥自在。如果我们所做事情与这条轨道不吻合的时候，我们就会倍感吃力，要费很大的力气才能把任务勉强完成。

墨守成规也是一种力量，一种好的习惯，它将缩短你成功的历程，延长你生活的空间。其实那些学习优秀的人对学习并不感到很吃力，有的甚至觉得很轻松，没什么特别的，与玩儿一样的舒服，这也并不奇怪，因为他们从小就培养了很多良好的学习习惯。成功的人并不一定比那些失败者更有决心，或更有力量，而是他们良好的习惯使他们决心和努力发挥的力量成倍地增长，良好

的习惯在一个人身上积累起来，就会形成优秀的品质，而这种品质日后会成为一个人骨子里的一种自信。好的习惯是人们走向成功的钥匙。

习惯对我们的影响是不知不觉的，它决定着我们的效率，又在一定程度上左右着我们的成败。要注意习惯的这股顽强力量有时也使我们顽强地"固守"失败的轨道，失去创造的生命力。有的习惯还限制了我们的视野，禁锢了我们的思维。

★ 一则小寓言

一位没有继承人的富豪在死后将大笔遗产赠送给了一位远房亲戚，而这位亲戚是个长年靠乞讨为生的乞丐。接受遗产后，乞丐的身价一下变成了百万富翁，新闻记者前来采访这位幸运儿："你继承遗产之后，想做的第一件事是什么？"乞丐回答："我要买一只好一点的碗和一根结实点的木棍，这样我以后出去讨饭会方便一些。"

破除坏习惯，建立新习惯

我们的一些不良学习习惯也会带给我们类似那个乞丐的结果。我们的学习没有效率、我们的努力没有成效，有时仅仅是因为我们的不良习惯导致的。如果不革除我们不良的学习习惯，我们的学习又怎么可能有效果呢？

习惯如此顽固，我们如何破除呢？首先要自我评估。你要破除坏习惯，首先得反思自己有哪些习惯阻碍了你的学习和生活，哪些习惯导致自己的学习效率低下。通过反思发现了阻碍自己进步的坏习惯之后，我们就可以开始用各种方法来克服我们的坏习惯了。

✦ 厌恶法

我们的行为有这样一个特性：当我们做出某个行为时，如果得到奖赏或者满足自己某个要求，那我们做这种行为的可能性就会大大增加；相反，如果我们的这个行为没有给自己带来满足感，甚至还使自己难受，那以后我们再做出这种行为的可能性就会降低。基于这样一个原理，我们就可以想出办法来改正自己的不良习惯，当我们的不良习惯出现时，我们就可以给自己一个惩罚，使自己处于不安或者痛苦之中，慢慢地使我们的不良习惯消失。其具体做法是：利用回避惩罚的原则，把令自己厌恶的刺激，如疼痛、饥饿、需求不满足、不良情境想象等与自己的不良习惯结合，以对抗和消除不良习惯。

➤ 直接厌恶法

把自己的不良习惯行为与自己厌恶的事情联系在一起，一旦自己的不良习惯出现，就马上给自己一个厌恶刺激，可以使用用针刺痛一下自己等不伤害自己健康的方式进行。

➤ 想象厌恶法

把自己的不良习惯与自己最厌恶的情境联系在一起，一旦自己的不良习惯出现，就马上想象自己最厌恶的那个情境。

➤ 需求剥夺厌恶法

把自己的不良习惯行为与自己最喜欢事物的消除联系在一起，

一旦自己的不良习惯出现，就自己给自己惩罚，如一周不去逛商场（自己最喜欢逛商场）、一个星期不吃巧克力（自己最喜欢吃巧克力）。

✦ 强化法

强化法与厌恶法相反，是把自己喜欢的情境如钓鱼、买一个冰激凌、去一次公园、休息一小时等与克服不良习惯联系到一起，一旦自己的不良习惯半天、一天或者一周没出现，就给自己一次奖赏，庆祝自己克服了不良习惯。因为我们做出某个行为如果能得到奖赏或者能满足自己某个要求，那我们做这种行为的可能性就会大大增加，如果我们克服不良习惯的行为得到了强化，也会增加良好习惯的行为的可能性。

➤ 想象强化法

自己希望培养的行为习惯达到一定次数后，就想象自己最喜欢的那个情境，做一下白日梦，高兴一番。

➤ 需求满足强化法

把自己良好的习惯行为与自己最喜欢事物的获得联系到一起，一旦自己的良好习惯出现，就自己给自己奖赏，如去逛商场（自己最喜欢逛商场）、吃巧克力（自己最喜欢吃巧克力）。

➤ 代币强化

代币指的是可以在某一范围内换物品的奖券，它可以有许多形式（如一张小卡片、一块塑料片），通常用来奖励自己所希望的行为，使这种行为不断强化并逐渐巩固下来，从而帮助自己养成良好的行为习惯。比如自己按时完成作业一次，就奖给自己一个代币（一张小卡片），当代币达到一定数量之后，就满足自己一个期盼已久的愿望。

✦ 满灌法

满灌法就是让自己不停地重复某一不良行为，甚至不厌其烦地重复，一直重复到使自己感到厌恶，感到无法承受、无法再进行这种行为为止。如果你喜欢在书本上乱写乱画，自己就可以找足够多的废书，找一个足够多的空余时间在书上不停地写，不停地画，写到自己感到手发酸也不要停，仍然继续写，一直写到写不动了才停。这样进行一两次后，不良行为习惯就会减少或者消失。

✦ 系统消退法

系统消退法就是逐步克服不良习惯的方法，包括三个步骤：

第一步，在准备克服不良习惯之前先做好心理准备，想象遇到的困难并计划好克服困难的办法。

第二步，对不良习惯的程度划分等级。例如，你喜欢睡懒觉，常常在睡醒以后赖在床上半小时以上。如果你想克服睡懒觉的习惯，可以根据晚起时间将不良习惯分为四个等级：晚起20分钟以上为第一等级；晚起10～20分钟为第二个等级；晚起5分钟为第三个等级；准时起床为第四个等级。

第三步，逐级消退。自己先定好目标，要在某个时间内达到第一个等级，晚起20分钟就奖励自己；在达目标后，再向下一等级前进，一级一级地递进，直至把不良习惯完全克服。

一天，一群弟子坐在一位禅师周围，等待禅师的启发。这位禅师问道："怎么才能除掉地里的杂草？"

弟子甲说："用铲子把杂草全部铲除。"

弟子乙说："一把火将草烧掉。"

弟子丙说："把石灰撒在草上将它们除掉。"

弟子丁说："他们的方法都不行，那样不能除根的，斩草就要除根，必须把草根都挖出来。"

弟子们讲完，禅师说："你们讲得都挺好。从明天起，你们把那块草地分成几块，按照自己的方法除掉地上的杂草。明年这个时候再到这个地方相聚。"

　　第二年的这个时候，弟子们早早地来到这里。原来杂草丛生的地方已经不见了，取而代之的是金灿灿的庄稼。弟子们在过去的一年时间里用尽了他们以前所想的各种方法都不能除掉杂草，后来发现，只有在地里种庄稼这种方法才能取得成功。

✦ 替换法

　　如果没有相应的好习惯来代替，那坏习惯是很难破除的。有破有立，坏习惯才可能被我们革除。例如，我发现自己在休息时喜欢在本子上乱写乱画。乱写乱画倒也不是什么问题，但一旦写起来，便觉得很顺手，心里很舒服，不想做别的事，于是一写就是一个多小时，这样浪费了很多时间。怎么办呢？我于是拿一本语文书，把语文课本上的优美词句作为乱写乱画的内容，这样，我的坏习惯便可以为我的学习服务了。

✦ 制订计划并说出来

　　做事的时候有没有计划是很不一样的。一般来说，有一个计划以后成功的概率会增加很多，而把自己的计划说出来，告诉周围的人以后，自己在执行计划的时候也会果断得多。下面是一张不良学习习惯纠正卡，你可以作为参考。

不良学习习惯纠正卡

❧ 我要改掉的不良习惯有：睡懒觉。

❧ 我打算这样改：设闹钟，向寝室同学宣布我每天在6点起床。

❧ 在改掉不良习惯的过程中，我可能遇到的困难有：自己的惰性。

❧ 我将这样克服困难：晚上早一些睡，如果没有及时起床，请上铺的张小明及时掀开我的被褥!

❧ 我邀请张小明做我的监督人，提醒我和不良习惯绝交。

🙠 一个星期后，我的应该表现是：在6点钟能及时起床，不需要张小明
提醒并采取行动。

✦ 21天原则

养成一个习惯需要21天，就是说，一个习惯的形成，一定是一种行为能
够持续一段时间，有专家测算这段时间需要21天。当然，21天是一个大致的
概念，我们很多行为重复不止21天，形成的习惯就很牢固。实际上，不同的
行为习惯形成的时间并不相同，一般需要30～40天。总体上看，时间越长习
惯越牢。养成一个新的习惯，只需用毅力坚持一个月左右，这种行为方式就
不需要费力去保持了。

第四课　我的网络我做主

　　丁敏是个网络高手，他酷爱上网，课余时间或者节假日，从来不出家门，总是打开电脑，有的时候查查学习资料，有的时候做做题库中的练习题，不过更多的时候是在浏览网页、下载文件、看在线电视、打游戏、和朋友聊天。如果遇到家里停电或出现网络故障，他就会坐立不安，不知道该干什么，无法静下心来学习。他的心情也会变得很烦躁，担心收不到邮件，怕网友在QQ上找不到他，总惦记着与网络有关的一切事情，不愿意与家人或者朋友交流，现实生活中的任何事都无法吸引他。他的父母为此很着急，丁敏到底怎么了？

互联网，让人欢喜让人忧

　　你是否也有过与丁敏类似的经历呢？的确，随着网络以"迅雷不及掩耳"之势的发展与普及，互联网已经成为我们生活中不可或缺的重要部分，它深刻地改变了人类的生活方式，我们现在可以坐在电脑前足不出户而知天下事，我们的生活自然也不例外，我们可以非常方便地通过QQ、MSN等聊天工具与老师同学交流，还可以一起通过网络讨论作业，班上建一个群，班上的事通知大家会非常方便，通过网络一起交流课堂学习，也可以一起闲聊生活中的人和事，我们还可以通过网络随意下载自己喜欢的歌曲，欣赏最新的电影。网络确实给我们带了实实在在的方便。

　　可是，互联网也是一柄双刃剑，它给我们带来方便的同时也让我们不自觉地陷入了网络陷阱之中。你有没有发现你或者你的某位同学自从开始迷上网络游戏之后很少与同学交流了？你是不是发现自己计划好的事情没按时完成，是因为自己在网络上耗的时间太多？你有没有发现上网后，自己对大自然的美丽已经麻木了？还有，你准备只上半个小时网后开始复习功课，结果在网络中不知不觉消耗了两个小时，作业还没开始写，于是匆匆忙忙赶作业。这种经历你有过吗？是不是一旦觉得无聊就首先想到网络，其他的方式都不予考虑了？一遇到挫折或失意，也首先想去网络上泡一泡？互联网既为我们的交流提供了更多的选择，但因为我们过于依赖它，又使得我们与朋友和亲人失去了很多交流的机会，互联网取之不尽的影视和音乐丰富了我们的生活，令人激动而惊险的网络游戏给我们的生活带来了新的乐趣，但如果我们利用不当，这些就成了蛀蚀我们生活情趣的蛀虫。

🐿 我是"瘾"君子吗

　　网络只是充实我们生活的一种途径，如果把自己所有的时间都"奉献"给互联网，就会患上"网络成瘾症"。目前，在我国青少年中，网络成瘾现象比较严重，看一看下面的数据，你会有什么感受？

小调查

互联网风靡全球以来，全球至少发现有两三亿名使用者整天沉溺于网络，患了"网络成瘾症"。据统计，中国目前有网络成瘾者约250万，14~24岁的占85%以上。其中，男性青少年网民上网成瘾的比例（17.07%）约比女性青少年网民（10.04%）高出7个百分点。在具有网瘾倾向的网民中男性青少年比例同样高于女性。

除了现有的数量庞大的青少年网瘾群体外，调查结果显示，在非网瘾群体中，有约13%的青少年存在网瘾倾向。可见，加强对青少年网民的网瘾预防工作是十分重要的。

从不同年龄和职业的网民上网成瘾的比例来分析我们可发现：网瘾群体中13~17岁的青少年网民，尤其是中学生网民当中的网瘾比例是最高的。这一调查结果与一些学者的研究结果在一定程度上相似。"处于13~18岁年龄段的中学生是网络成瘾的重灾区。""我国9000万网民中82%为青少年，其中未成年网民就有1650万。而这1650万未成年人中的14.8%，也就是说有近245万未成年人不仅爱上网，而且着迷上瘾，难以自拔。"

跟我们走吧，小兄弟！

　　网络成瘾会导致青少年学生缺乏睡眠和体育锻炼，学习成绩下降，与朋友关系恶化，不参加团体活动等。患有"网瘾"的学生一旦成绩急剧下降，往往很容易逃学、退学甚至离家出走，如果流落到社会上，其命运更加难以预料。

　　说一说你对网络成瘾的看法，网络有哪些利、又有哪些弊呢？

　　虽然我们不是危言耸听，可是你也许已经开始担心了，"网络真的像毒品一样会让人上瘾吗？""我是不是已经网络成瘾了？""我是不是已被互联网牢牢拴住了？""我还能摆脱网络吗？"

　　别害怕，其实喜欢上网并不等于网络成瘾，二者之间还是有很大的区别的。一般喜欢上网的人可以分为四类：第一类是健康使用者，他们不会因为上网而影响正常的学习生活；第二类是高危人群，也就是容易成瘾的人群，这样的人可能原本是人们心目中的好学生，可一旦没有了外界的学业压力，他们便会沉迷于网络；第三类人，虽然上网时间很长，但还能控制使用的极限度，比如考试前他会停止上网去学习；第四类才是网络成瘾者，他们因为上网，严重影响了正常的生活，心理、身体都出现了问题，需要进行有针对性的治疗。当然，是否网络成瘾还取决于一个人的性格、爱好、家庭环境等因素。

　　你可以填一下"网络成瘾自测量表"，看看自己对上网有多大"瘾"！

网络成瘾自测量表

1. 你是否对网络过于关注（如下网后还想着它）？
2. 你是否感觉需要不断增加上网时间才能感到满足？
3. 你是否难以减少或控制自己对网络的使用？
4. 你是否对家人或朋友遮掩自己对网络的着迷程度？
5. 你是否将上网作为摆脱烦恼和缓解不良情绪（如紧张、抑郁、无助）的方法？

6. 当你准备下线或停止使用网络的时候，你是否感到烦躁不安、无所适从？

7. 你是否由于上网影响了自己的学习状态或朋友关系？

8. 你是否常常为上网花很多钱？

9. 你上网的时间是否经常比预期的要长？

10. 你是否在下网时觉得心情不好，一上网就会来劲头？

结论：答一个"是"得1分，看你的总分有多少？

A、总分5分以下：网瘾不大。

B、总分5分和5分以上：你的网瘾很大。

C、总分8分及8分以上：你需要诊断是否患有网络成瘾症了。

我的网络我做主

任何人都是自己的主宰，绝不能让网络把我们一点一滴地侵蚀掉。我们要让网络为自己服务，在利用各种网络资源为生活带来愉悦和便利的同时，也要学会辨认网络中的不良信息，做一个具有"火眼金睛"的网络主人。

当你发现自己的生活正被网络所干扰时，也许可以参考下面几招：

✦ 有的放矢不迷航

据《互联网与高中生心理发展的研究报告》显示：高中生在网上交往通常涉及的话题中，36%是娱乐性的；23%是学习电脑技术的；12%则为学习的需要；8%是为获悉国内国际形势；而还有的16%是其他问题。总的来说，上网主要有两种目的：娱乐与应用。娱乐指为了放松而观看网上电影、电视、听音乐或者与网友聊天……应用指除了学习外，还包括利用网络解决一些生活中的实际问题，比如查询天气情况和旅游线路、搜集制作模型的资料等。

那么，你上网的目的是什么呢？如果抱着随便看看的心态而毫无目标，就容易出现迷航、依赖，甚至成瘾。看看下面的小故事，你可以参考晓辉的做法。

善于计划的晓辉

晓辉在课余生活中也喜欢上网，因为网络是个大千世界，想获得的任何信息都能在网上找到。可是，与丁敏不同，他能很好地控制自己，让网络为自己服务，"呼之即来，挥之即去"。

晓辉最大的特点在于他是一个善于制订计划的人，每次打开电脑、联入网络，他都非常明确地知道应该干什么。如果是查找学习资料，他会只看与学习内容有关的网页，把那些自动弹出的小窗口都关掉，防止因为看花边新闻而导致网络迷航。

即使是为了娱乐而上网，他也只会做预定的事情，比如在线看一部电影、下载几首歌曲、和同学聊聊天，绝不会做其他的事情，而导致无限制地上网。

其实，晓辉的做法很简单，就是把需要利用网络做的事情列个清单，这样避免在网上漫无目的地瞎逛，结果既浪费了时间，又什么都没做成。而且，你应该把可以在网上做的事情进行筛选和鉴别，哪些内容可以玩儿、可以看，而哪些不适合自己的年龄，需要屏蔽。只有这样，网络才会成为你的法宝、你的仆人，永远为你服务。

✦ 严格限制上网时间

你一定会说，我上网的目的非常明确，就是娱乐：聊天、看片、打游戏……这当然是可以的，但也会让你不知不觉浪费掉大把的时间。所以，严格限制上网的时间也是十分必要的。每次要规定上网时间，一旦超过时间就马上无条件地停止上网，如果违背的话，要给自己施加一定的惩罚，比如多背两课英语单词，或到外面跑1000米。另外，每天把自己的上网时间记录下来，并反思是否合适和必要。

对于自制力比较差的人来说，还可以安装限制上网时间的软件。Windows本身就具有这种功能，可以为不同的登录账号设置上网时间，此外，还有一些其他软件也具有类似的功能，如"网络妈妈"、"网络爸爸"、"父母无忧"等。这些本来是帮助父母监管孩子上网用的，你不妨拿来进行自我监管，一到指定时间，计算机立即执行断网，这些软件也会督促你尽量利用网络来做一些"正经"事，否则真到需要查找学习资料的时候上不了网，你就只能望"机"兴叹、束手无策了。

✦ 寻找网络替代品

人之所以上网，有时是因为一些无法在真实世界中实现的愿望，可以借助网络来发泄和满足。什么网络宠物、虚拟社区，使网络成为生活中缺失部分的替代品。反过来，网上所有的东西在现实生活中也可以找到替代品，因为网络本来就是对真实世界的虚拟。为了避免网络成瘾，如果有其他方式可以完成你想做的事，就尽量不要使用电脑来完成。下表列出了可以被替代的网络功能。

网络上的内容	现实生活中的活动
音乐	录音机、mp3、CD机
视频	电视、电影、DVD
图片	画册、画展
小说	看书
聊天	打电话
查找资料	图书、资料室、报纸、电视
游戏	和同学一起打球、打牌、捉迷藏

想一想，网络上还有哪些东西可以在现实生活中找到，你不妨放开眼界，仔细观察生活，避免把一切都依赖于互联网。

　　此外，自然世界五彩缤纷，其中一定有网络所无法模拟和虚构的东西，新鲜的空气、香甜的美食、亲人的拥抱、朋友的双手……这些真切的享受会让你感受到虚拟世界中的无趣与空洞，才会使你把更多的时间和精力从网络转移到真实的生活中。

✦ 借助外部力量

　　如果前面几种方法都无法让你放弃网络的诱惑，当"网络爸爸"、"网络妈妈"都无法成为限制你上网的障碍时，你只能找真正的爸爸妈妈来监督自己了，也可以找同学、老师，我想他们一定都会非常愿意帮你这个忙。

　　当然，你要与监管人商定监督的计划，包括上网的时间、上网的内容、遵守约定后的奖励、违背约定的惩罚、监督的方式（是一直坐在你旁边还是定点来提醒你）。只有进行明确的约定后，才不给自己留钻空子的余地。

✦ 斩草除根最彻底

　　如果你还是无法管住自己，千方百计地想要上网，就只好使用一些"杀手锏"，才能斩草除根、以绝后患！如使用电脑而不需要网络时把网线拔掉，让你无法联入网；或者彻底卸载、删除与网络游戏、视频、聊天有关的软件，即使能联网，也让你觉得毫无兴趣。还有一招最绝，就是到电信部门把网络服务停止，使你彻底永久地远离网络。不过，只要具有一点自制力的人，前面的一些方法应该能够帮到你，不到万不得已，还是不必用这样的"狠招"。

　　上面介绍了不少避免网络成瘾的方法，聪明的你，一定还有其他办法，你能写下来吗？